行政不服審査担当の
シゴト

弁護士（元東京都法務課訟務担当課長）

榎本　洋一 著

ぎょうせい

はしがき

　行政不服審査の担当になった──。その瞬間、どこから手を付けていいのか分からず、不安に感じる方も多いのではないでしょうか。

　私自身、東京都庁で何千件もの行政不服審査に関わってきました。初めて担当したときの戸惑い、処分庁とのやり取りの難しさ、裁決書の判断の重み──現場で何度も悩み、考え抜いた経験があります。さらに、行政不服審査法の改正時には、制度の実務運用を見直し、新たな仕組みづくりにも携わりました。その過程で、現場の実務をどのように制度に落とし込むべきか、そして何が職員にとって本当に役立つのかを徹底的に考え抜きました。

　本書は、そうした私自身の経験を基に、行政不服審査の現場で抱きがちな疑問や悩みを整理し、まとめたものです。「このケースではどのように判断すればよいのか？」「処分庁にどこまで証拠書類等を求めるべきか？」「住民からの厳しい問合せにはどう対応すればよいのか？」──行政不服審査の実務では、教科書通りにはいかない場面が多くあります。法令を理解するだけでなく、現場での対応力が求められるのが、この仕事の難しさであり、やりがいでもあります。

　初めて行政不服審査を担当する方がこの本を手に取ったとき、「なるほど、そういうことか」と思えるような内容を詰め込んだつもりです。制度の背景から、実務で役立つ具体的なポイントまで、できるだけ分かりやすく解説しました。本書が、行政不服審査の業務に取り組む皆さんにとって、少しでも参考になれば幸いです。

　令和7年2月

　　　　　　　　　　　　　　　　　　　弁護士　榎　本　洋　一

目 次

はしがき

 1 行政不服審査担当のシゴトとは？

Ⅰ 行政不服審査って何？……………………………………………2
 1 不服審査って何のためにあるの？／3
 2 行政訴訟との違いはコレ！／4
 3 「不服」＝「苦情対応」なのか!?／5
 4 まずは基本的な仕組みを確認しよう／8
  (1) 不服申立ての種類／8
  (2) 審査請求の対象／9
  (3) 審査請求の流れ／9
   ア 審査請求の受付・事前審査／10
   イ 審理員による審理／11
   ウ 行政不服審査会による審議／11
   エ 裁　決／12
  (4) 審査請求の関係機関／13
   ア 審査請求人／14
   イ 処分庁／14
   ウ 審査庁／14
   エ 審理員／14
   オ 行政不服審査会／14
   カ 審査請求における処分庁と審査庁の役割の区別／15
  (5) 職員の業務は、主にこの3つ！／17
   ア 審査庁業務／18
   イ 審理員業務／19
   ウ 事務局業務／19
   エ 主な業務内容のまとめ／20

i

Ⅱ　審査請求の審査の構造～難しいけど大切なこと～ ……………………22

1　本案前の審査／23

(1)　審査請求書の必要的記載事項を記載していること／24

(2)　代理人や法人による審査請求の場合に必要な書面を添付していること／24

(3)　審査請求をすべき行政庁に審査請求書を提出していること／25

　ア　審査請求書の提出先／25

　イ　誤った審査請求先に審査請求書が提出された場合／28

(4)　適用除外事由に該当しないこと／29

(5)　審査請求の対象が行政処分であること／30

(6)　不服申立人適格があること／32

(7)　不服申立ての利益があること／33

(8)　審査請求期間を遵守していること／34

　ア　審査請求期間とは／34

　イ　正当な理由とは／36

　ウ　審査請求期間に関する審査／36

2　本案の審査／38

(1)　処分の違法性の審査／38

(2)　処分の不当性の審査／39

3　本案前の審査と本案の審査の順序／40

4　審査請求の各段階における審査の対象／41

(1)　審査庁の事前審査段階における本案前の審査／42

(2)　審理員による本案前と本案の審査／42

(3)　行政不服審査会による本案前と本案の審査／43

(4)　裁決段階における本案前と本案の審査／44

(5)　各段階における審査の概要／44

Ⅲ　行政不服審査法とは？ …………………………………………………46

1　行政不服審査の根拠は行政不服審査法／46

2　平成26年の大改正、そのポイントは？／46

(1)　公平性の向上／47

　ア　処分に関与しない職員＝審理員が審理／47

イ　行政不服審査会によるチェック／47

　　ウ　審査請求人の権利拡充／47

　(2)　使いやすさの向上／48

　　ア　主観的審査請求期間の延長／48

　　イ　審査請求への一元化／49

　　ウ　迅速な審理の確保／49

　　エ　不服申立前置制度の見直し／52

　3　行政不服審査法の目次の重要性／52

2　行政不服審査担当としての心構えとスキルセット

Ⅰ　心構え……………………………………………………………………56

　1　行政不服審査は住民からの様々な意見が詰まっている／56

　2　行政全体を見渡すことが大切／56

Ⅱ　必須スキル………………………………………………………………57

　1　審査の構造の理解／57

　2　法的三段論法と事実認定の理解／58

　(1)　法的三段論法とは／58

　(2)　大前提／58

　　ア　大前提とは／58

　　イ　法律の解釈／59

　(3)　小前提／61

　　ア　小前提とは／61

　　イ　事実認定の重要性／61

　　ウ　事実認定の限界と証拠書類等の重要性／62

　　エ　事実認定の方法／63

　(4)　結論（法的判断）／66

Ⅲ　階級別スキルセット………………………………………………………………68

1　初　級／68

(1)　文章力、論理的思考力、コミュニケーション能力／68

ア　文章力／68

イ　論理的思考力／68

ウ　コミュニケーション能力／69

(2)　法的知識（行政不服審査法、行政事件訴訟法、行政手続法、地方自治法、
行政法総論）／69

ア　行政不服審査法／69

イ　行政事件訴訟法／69

ウ　行政手続法／70

エ　地方自治法／70

オ　行政法総論／70

2　中　級／71

(1)　解決力／71

(2)　法的知識（民法等の私法）／72

3　上　級／72

(1)　人材育成能力／72

(2)　法的知識（個別法）／73

(3)　議会対応力、予算事務に関するスキル／74

ア　議会対応力／74

イ　予算事務に関するスキル／75

3　行政不服審査担当の業務

Ⅰ　審査請求の受付と事前審査……………………………………………………79

1　審査請求の受付／79

(1)　審査請求は口頭でもできるのか？〜書面主義〜／80

(2)　「審査請求をしたい」と言われたら？／81

ア　窓口での対応／81

　　　イ　電話での対応／82

　　(3)　「口頭で審査請求をしたい」と言われたら？／83

　　(4)　具体的にどのように書けばいいのか？／84

　　　ア　審査請求人の氏名又は名称及び住所又は居所／85

　　　イ　審査請求に係る処分の内容／85

　　　ウ　審査請求に係る処分があったことを知った年月日／86

　　　エ　審査請求の趣旨及び理由／87

　　　オ　処分庁の教示の有無及びその内容／88

　　　カ　審査請求の年月日／88

　2　審査請求の受付で注意すべきポイント／89

　　(1)　窓口での提出／89

　　(2)　郵送での提出／90

　　(3)　オンラインによる審査請求／90

　　(4)　電子メールで審査請求をすることはできますか？／91

　3　審査庁での事前審査／92

　　(1)　はじめに／92

　　(2)　補正命令／93

　　　ア　補正命令の対象／93

　　　イ　補正命令の方法／93

　　　ウ　補正の期間／94

　　　エ　補正に応じない場合／95

　　(3)　審査庁による却下裁決〜審理員を指名しなくても却下できる？〜／95

　　　ア　はじめに／95

　　　イ　「審査請求が不適法であって補正することができないことが明らかなとき」の例／95

Ⅱ　審理員による審理‥‥‥‥‥‥‥‥‥‥‥‥‥‥‥‥‥‥‥‥‥‥‥‥‥‥‥‥‥‥100

　1　まずは、審理員候補者名簿をチェック／101

　　(1)　審理員候補者名簿とは／101

　　(2)　名簿の記載方法／101

　2　審理員はどうやって指名するの？／102

⑴　審理員の指名／102

　　ア　審理員／102

　　イ　審理員の指名手続／103

⑵　審理員の除斥事由／104

　　ア　はじめに／104

　　イ　法律相談業務と審理員業務を兼務させる場合／104

3　審理手続の流れはコレ／105

4　処分庁の言い分は弁明書で〜カギは弁明書の提出要求書にある〜／106

⑴　弁明書とは／106

⑵　弁明書提出要求書のポイント／107

⑶　弁明書の記載事項／108

⑷　各記載項目の解説／108

　　ア　弁明の趣旨／108

　　イ　処分に至るまでの経緯／108

　　ウ　審査請求書に記載されている事実の認否／109

　　エ　処分の内容／109

　　オ　処分の理由／109

⑸　証拠書類等が大切／110

⑹　証拠書類等は審査請求人に送付すべきか／111

⑺　処分庁に説明と確認を！／112

5　弁明書に反論したい→反論書を提出してください／115

⑴　反論書とは／115

⑵　反論書が提出できる旨の通知／115

6　審理はいつまで続くのか？〜再弁明書の提出〜／116

⑴　再弁明書とは／116

⑵　再弁明書の提出を許容するか否かの判断基準／117

7　書面じゃ書けないこともある=口頭意見陳述／118

⑴　口頭意見陳述とは／118

⑵　口頭意見陳述の手続／118

　　ア　口頭意見陳述の申立て／118

　　イ　口頭意見陳述の準備／119

　　ウ　口頭意見陳述の当日の対応／120

エ　口頭意見陳述の終了／121

(3)　口頭意見陳述の注意事項／121

　　ア　公開での口頭意見陳述／121

　　イ　オンラインでの口頭意見陳述／122

　　ウ　審査請求人が口頭意見陳述に出席しなかった場合の対応／122

8　審理員の持っている書類をコピーしたいと言われたら／123

(1)　概　要／123

(2)　手　続／123

　　ア　コピーの交付請求／124

　　イ　処分庁への意見照会／124

　　ウ　交付の可否の判断、通知／125

　　エ　手数料の納付／126

　　オ　コピーの交付／126

9　審理手続はこれで終わり～審理手続の終結～／127

10　審理手続の集大成！審理員意見書を作成しよう／128

(1)　審理員意見書の作成／128

(2)　審理員意見書の提出／128

(3)　審理員意見書の送付時期に関する注意点／129

11　審理員は必ず指名しなければならないの？／130

12　審理員補助者って何？／132

Ⅲ　行政不服審査会による審議 ……………………………………135

1　行政不服審査会とは？／135

(1)　趣旨・目的／135

(2)　組織体制／136

(3)　委　員／138

(4)　事務局／138

2　行政不服審査会への諮問手続～職員がやるべきことは～／139

(1)　諮問の要否の判断／139

(2)　諮問の手続／141

3　行政不服審査会の調査審議！事務局職員はどうする？／142

(1)　諮問の受付から答申までの流れ／142

(2) 諮問の受付と第1回審議の事前準備／143

　　ア　諮問の受付／143

　　イ　第1回審議に向けた準備／144

(3) 第1回審議／144

　　ア　審　議／145

　　イ　審議後／145

(4) 第2回審議／145

　　ア　審　議／145

　　イ　審議後／146

(5) 答申後／146

4　事務局担当者としての心構え／146

(1) スケジュール管理が重要／147

(2) 第1回審議が勝負！／147

(3) 答申案は審理員意見書のコピペでいいの？／148

Ⅳ　裁　決……………………………………………………………149

1　はじめに／149

2　裁決とは／149

(1) 概　要／149

(2) 裁決の種類／150

　　ア　却下裁決／151

　　イ　棄却裁決／152

　　ウ　認容裁決／153

3　裁決書の作成〜審理員意見書や答申書との違いは何？〜／153

(1) 裁決書の作成手続／153

(2) 裁決書の記載事項／154

　　ア　法定記載事項／154

　　イ　主　文／155

　　ウ　事案の概要／155

　　エ　審理関係人の主張の要旨／156

　　オ　理　由／156

　　カ　教示文／158

viii

キ　記名・押印／158

4　裁決書の送達／158

(1)　概　要／158

(2)　審査請求人への送達／159

ア　郵送による送達／159

イ　公示送達／159

(3)　処分庁への送付／160

5　裁決の効力／162

(1)　裁決の効力とは何か／162

(2)　認容裁決がもたらす効果／162

(3)　裁決の拘束力／162

(4)　認容裁決の留意点／163

6　裁決後の手続／163

(1)　証拠書類等の返還／163

(2)　事件記録の保存／164

ア　保存期間／165

イ　保存方法／165

(3)　裁決書に対する不満への対応／165

Ⅴ　執行停止って何？……………………………………………166

1　審査請求をすれば処分はストップするのか？→しません！〜執行不停止の原則〜／166

2　執行停止とは／166

3　執行停止の審査／167

4　執行停止の審査の手続／167

(1)　調査依頼／168

(2)　処分庁の回答／168

(3)　執行停止の要否の決定通知／169

5　執行停止の判断のポイント／169

Ⅵ 審査請求を取り下げたいと言われたら？⋯⋯⋯⋯⋯⋯⋯⋯⋯⋯⋯⋯170

　1　はじめに／170

　2　取下げの方法と手続／171

　　(1)　取下げの方法／171

　　(2)　取下げ後の手続／172

4　裁決に対する不服申立て

Ⅰ　裁決書に納得がいかないと言われたら？⋯⋯⋯⋯⋯⋯⋯⋯⋯⋯⋯174

Ⅱ　審査請求の第2ラウンド！再審査請求⋯⋯⋯⋯⋯⋯⋯⋯⋯⋯⋯⋯174

　1　再審査請求とは／174

　2　再審査請求の対象／175

　3　再審査請求の請求先／175

　4　再審査請求期間／176

　5　裁決庁としての対応／176

　　(1)　審査請求人に対する対応／176

　　(2)　再審査庁に対する対応／177

Ⅲ　せっかく出した裁決に取消訴訟が提起された。どうする？⋯⋯⋯⋯177

　1　処分の取消訴訟／178

　2　裁決の取消訴訟／178

　　(1)　原処分主義とは／178

　　(2)　裁決庁職員の対応／179

用語索引⋯⋯⋯⋯⋯⋯⋯⋯⋯⋯⋯⋯⋯⋯⋯⋯⋯⋯⋯⋯⋯⋯⋯⋯⋯⋯180

Column

1 審査請求とクレーム対応／7
2 審理員の複数配置と人事異動に伴う負担／21
3 大量の審査請求への対応〜審理員に求められる調整力と効率化のための工夫〜／98
4 証拠書類等と個人情報／114
5 審理員業務と弁護士／133
6 裁決書謄本の公示送達のための現地調査／161

凡　例

本文中下記の法令については、以下のとおりの表記とします。

行政不服審査法————————————行審法
行政事件訴訟法————————————行訴法
行政手続法——————————————行手法

＊括弧中、行政不服審査法の条・項・号の表記は、下記のとおりとします。

　例：行政不服審査法第1条第2項第3号 ＝（法1条2項3号）

.

1

行政不服審査担当の シゴトとは？

行政不服審査って何？

　皆さんは、行政不服審査とは何かと聞かれたら何と答えますか？
　行政不服審査（以下「不服審査」といいます。）とは、行政機関の行政処分に対して不満がある場合に、それを見直してもらうための仕組みです。たとえば、Z県のY市に住んでいるAさんが生活保護の申請をY市長にしたものの、申請が却下されたとします。このY市長の決定（このように行政機関が一方的に国民の権利義務を変動させる行為を「行政処分」といいます。）に納得できないAさんは、Z県知事に対して不服審査の申立て（以下「不服申立て」といいます。）をすることができます。Z県知事がY市長の決定が誤りだと判断した場合、その決定は取り消され、Aさんの生活保護の申請は再度審査されることになります。これが「行政不服審査」です。

●図表1-1：行政不服審査の概要

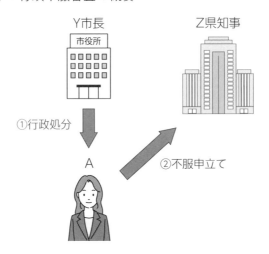

1　不服審査って何のためにあるの？

では、この不服審査は何のためにあるのでしょうか。

不服審査の目的は、次の２点にあります。

① 国民の権利利益の救済の確保

１つ目は、国民の権利利益の救済の確保です。行政処分の判断に不満がある場合、その判断の見直しの機会を得ることで、国民の権利や利益の救済を図ることができます。たとえば、先ほどのAさんの例のように、生活保護の申請が却下された場合、その決定の違法性や不当性を審査してもらうことで、Aさんが本来受けるべき生活保護を受けられるようになるかもしれません。

② 行政の適正な運営の確保

２つ目は、行政の適正な運営の確保です。不服審査のプロセスを通じて、行政機関自身もその決定が適法かつ妥当であったかを見直すことが求められます。たとえば、Aさんが生活保護申請の却下に対して不服申立を行った場合、都道府県知事がその決定の適法性や妥当性を審査するだけでなく、市区町村も自らの判断について再確認をすることになります。このようなプロセスを通じて、行政の運営が改善され、透明性や信頼性の向上にもつながります。

●図表１－２：行政不服審査の目的

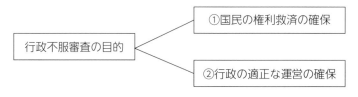

このように、不服審査は、国民の権利救済を図ると同時に、行政の適正な運営を確保するための重要な仕組みなのです（法１条１項）。

第1章　行政不服審査担当のシゴトとは？　3

2　行政訴訟との違いはコレ！

　行政機関の行政処分に不満がある場合、国民にはいくつかの手段が用意されています。その1つが不服申立てですが、もう1つの選択肢として、行政訴訟を提起することも可能です。

●図表1-3：行政処分に対する救済手段

　では、不服申立てと行政訴訟にはどのような違いがあるのでしょうか。
　まず、判断する主体が異なります。不服申立ての場合、行政機関の行政処分が正しいかどうかを審査するのは、行政機関たる「審査庁」です。これに対し、行政訴訟では、判断を行うのは「裁判所」です。裁判所は行政機関から完全に独立した第三者であるため、公平性や中立性が確保されているといえるでしょう。
　次に、費用の点でも大きく異なります。不服申立ての場合、申立て自体には手数料がかかりません。他方、行政訴訟の場合には、印紙代など、訴訟を提起するために必要な手数料が発生します。
　続いて、審理方法です。不服申立ての審理は原則として書面で行われます。一部、口頭意見陳述という形で口頭で意見を述べる機会が与えられる場合もありますが、それを除けば審理は書面で進行します（書面主義）。一方、行政訴訟の審理は、通常の民事訴訟と同様に、原則として口頭で行われます（口頭主義）。
　また、不服申立てと行政訴訟では判断の対象も異なります。不服申立ての場合、行政機関の決定が法律に照らして違法であったかどうかとい

う「違法性」だけでなく、その決定が不当であったかどうかという「不当性」も審査の対象となります。一方、行政訴訟では「違法性」のみが審理対象となり、法的な判断のみが対象となります。

　不服申立てと行政訴訟のどちらも、行政機関の決定に誤りがあった場合、その決定を取り消すことによって国民の権利利益を救済します。行政機関の誤った決定が取り消されれば、その決定は当初から効力がなかったものとされ、国民の権利利益を直接的に救済することが可能になります。

●図表１－４：不服申立てと行政訴訟の違い

	不服申立て	行政訴訟
判断権者	行政機関	裁判所
申立て手数料	不要	必要
審理方法	書面	口頭
判断の対象	処分の違法性、不当性	処分の違法性
救済方法	処分の取消等	処分の取消等

3　「不服」＝「苦情対応」なのか！？

　不服審査には、「不服」という言葉が使われていることから、一見すると行政に対するあらゆる不服を審査してもらえる制度のように思われることがあります。実際に、このような誤解をして不服申立てをしようとする住民も少なくありません。しかし、不服申立ての対象は、あくまで行政機関が行った「行政処分」に限られます。それ以外のもの、たとえば、自治体の政策に対する意見や職員に対する不平不満などは対象外です。つまり、不服申立ては、住民からの苦情を受け付ける制度ではないのです。このような苦情は、自治体に設けられた別の専門部署で対応

第１章　行政不服審査担当のシゴトとは？　　5

すべきものです。

　不服審査の担当者は、「不服申立てをしたい」と住民が窓口に来た場合、その「不服」の内容が何であるかを確認し、それが不服審査で解決できる問題かどうかを考えなければなりません。もし不服審査で解決できない問題であれば、住民を適切な部署に案内することが求められます。

●図表1－5：不服審査の対象

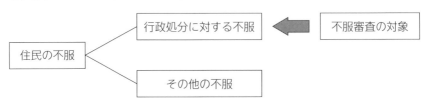

Column1　審査請求とクレーム対応

　審査請求は、行政処分を受けた住民が権利救済を求める重要な手段の1つですが、時として窓口対応の現場において担当者が不当なクレームを受ける場合があります。審査請求の担当者は、審査請求人が感情的になり窓口に押しかける状況に直面することもあり、冷静で的確な対応が必要とされます。しかしながら、不満を抱えた審査請求人が、迅速な行政処分の取消しを強く求めるあまり、窓口で不適切な行動を取るケースを完全に防ぐことは難しい現状があります。このような場合には、毅然とした態度で対応する一方で、職員が過剰な要求に圧倒されることのないよう、適切な支援体制を整えることが不可欠です。

　最近注目を集めている東京都のカスタマー・ハラスメント防止条例、通称「カスハラ条例」は、このようなクレーム対応に直接関連する重要な規定を含んでいます。同条例では、行政機関を含む事業者の従業員に対する過度な要求や暴言などの著しい迷惑行為（カスタマー・ハラスメント）を禁止しています（4条）。また、事業者に対しては、従業員がカスタマー・ハラスメントを受けた場合に、適切な対応措置を講じる努力義務を課しています（9条2項）。これらの規定は、職員が安心して職務を遂行できる環境を整備するために不可欠なものです。

　審査請求におけるクレーム対応でも、この条例の趣旨を踏まえた取組が求められます。まず、冷静かつ丁寧な態度で対応することを基本とし、悪質な行為には毅然とした姿勢を示すことが重要です。また、職員が適切に対応できるよう、研修やマニュアルの整備を行い、専門家に相談できる体制を確立することが必要です。さらに、対応を個々の職員に任せきりにせず、組織全体でバックアップ体制を構築し、職員の精神的・業務的負担を軽減する仕組みを導入することが求められます。

第1章　行政不服審査担当のシゴトとは？　　7

4 まずは基本的な仕組みを確認しよう

不服審査の細かい話に入る前、まずは基本的な仕組みを頭に入れましょう。

(1) 不服申立ての種類

最初に、不服申立ての種類について説明します。

不服申立てには、①審査請求、②再審査請求、③再調査の請求の3つの種類があります。

●図表1-6:不服申立ての種類

	内容
①審査請求	行政庁の違法又は不当な行政処分によって不利益を受けた国民が、行政機関に対して、不服を申し立てること
②再審査請求	審査請求の裁決の内容に不服のある審査請求人が、別の行政機関に対して、再度、行政処分と裁決の内容を審査することを求めること
③再調査の請求	行政庁の違法又は不当な行政処分によって不利益を受けた国民が、行政処分を行った行政機関に対し、事実関係の再調査による行政処分の見直しを求めること

実際の自治体実務で登場するのは①審査請求ですので、まずは審査請求について理解しましょう。本書でも、審査請求を中心に解説をします。

●図表1-7:不服申立ての種類

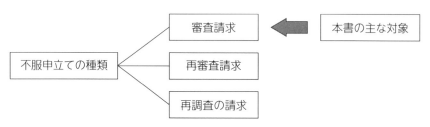

(2) **審査請求の対象**

審査請求の対象には、①処分に対する審査請求と②不作為に対する審査請求の2種類があります。

①処分に対する審査請求とは、行政庁が行った行政処分に不服がある場合に、その処分を取り消したり変更したりすることを求める審査請求です（法2条）。たとえば、生活保護申請の却下処分や、一時保護処分などに不服がある場合が該当します。

②不作為に対する審査請求とは、法令に基づき行政庁に行政処分を申請したにもかかわらず、相当の期間が経過しても行政処分がされない場合（不作為）に申し立てる審査請求です（法3条）。たとえば、生活保護申請をしたにもかかわらず、長期間にわたり保護開始も却下もされない場合が該当します。

実務的には、①処分に対する審査請求が大半を占めるため、本書でも処分に対する審査請求を対象として解説を進めます。

●図表1-8：審査請求の対象

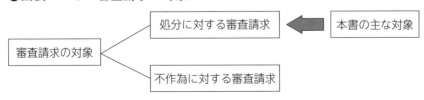

(3) **審査請求の流れ**

審査請求は、①審査請求の受付・事前審査、②審理員による審理、③行政不服審査会による審議、④裁決という4つのステップに分けられます。

●図表1-9:審査請求の流れ

ア 審査請求の受付・事前審査

　まず、行政庁から行政処分を受けた住民がその処分に不服がある場合、審査庁に対し審査請求をします。このため、審査請求の業務は審査請求の受付からスタートします。審査請求は、原則として審査請求書によって行わなければならず、審査請求書には対象となる処分の内容や不服の理由等を具体的に記載する必要があります。したがって、審査庁はこの段階で、審査請求書に不備がないか等、審査請求の適法性の事前審査をします。

●図表1-10:審査請求の受付・事前審査

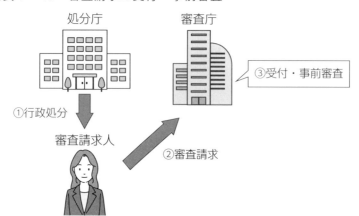

イ　審理員による審理

　審査庁が事前審査をし、審査請求の適法性が確認された場合、次に処分の違法性と不当性に関する本格的な審査業務が開始されます。審査庁は、その職員の中から、この業務を担当する「審理員」を指名します。審理員は、中立的な立場で、審査請求人と処分を行った行政庁（以下「処分庁」といいます。）の双方の主張を公平に審査します。この過程で、審理員は、審査請求書や処分庁から提出された弁明書、双方から提出された証拠書類等を精査し、処分の違法性及び不当性に関する意見をまとめた「審理員意見書」を作成し、これを審査庁に提出します。

●図表1－11：審理員による審理

ウ　行政不服審査会による審議

　審理員による審理が終了すると、次に行政不服審査会による審議が行われます。審理員意見書の提出を受けた審査庁は、原則として行政不服審査会に対し、審査請求の判断について諮問します。「諮問」とは、審査庁が自らの判断に先立ち、第三者機関である行政不服審査会に対して、専門的・客観的な意見を求める手続を指します。行政不服審査会は、第三者機関として審査庁からの諮問を受け、審査請求人及び処分庁の主張を詳細に精査します。その後、審査会はその意見を審査庁に答申します。「答申」とは、審査会が諮問に基づき、審査請求に関する判断

や意見を整理し、それを文書として審査庁に提出する行為を指します。行政不服審査会は学識経験者などから構成され、審査庁とは独立した立場で審査を行うことで、審理手続の公正性・中立性を一層確保しています。行政不服審査会の答申は、裁決を行う審査庁に対して大きな影響を与えることが多いです。

　行政不服審査会は、国及び地方公共団体にそれぞれ設置されています。行審法においては、国が設置するものを「行政不服審査会」と定義していますが（法67条1項）、地方公共団体が設置するものには特定の名称が付与されていません（法81条1項）。本書では、分かりやすさを重視し、地方公共団体が設置するものについても「行政不服審査会」と定義し、説明をしていきます。

●図表1−12：行政不服審査会による審議

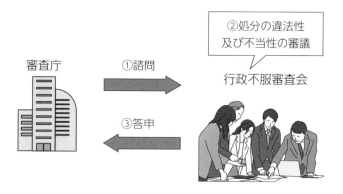

エ　裁　決

　最後に、審理員及び行政不服審査会による審査結果を踏まえ、審査庁が最終的な判断、つまり「裁決」を行います。この裁決により、行政処分が取り消される、変更される、又はそのまま維持されることが決定されます。審査庁が裁決で処分を取り消した場合、処分の効力は初めからなかったことになり、審査請求人の権利救済が図られることになります。

●図表 1 − 13：裁決

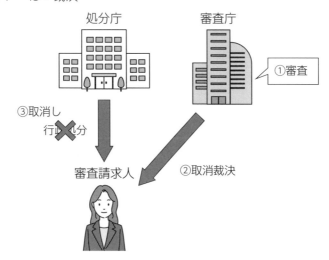

(4) 審査請求の関係機関

審査請求には、以下のような様々な行政機関が関与します。それぞれの役割を正確に理解し、混乱しないように整理しておきましょう。

●図表 1 − 14：審査請求の関係機関

関係機関	内容
審査請求人	行政処分に不服があり、審査請求をした者
処分庁	審査請求の対象となる行政処分をした行政庁
審査庁	審査請求の受付や裁決等をする行政庁
審理員	審査請求を審理し、審理員意見書を作成する審査庁の職員
行政不服審査会	審査庁からの諮問を受けて、審査請求について第三者の立場から答申を行う行政機関

ア　審査請求人

審査請求人とは、行政処分に不服を持ち、審査請求を行った者をいいます。審査請求の中心的な主体であり、自らの権利や利益が侵害されたと感じた場合、行審法に基づいて審査庁に審査請求という手段を使って救済を求めます。

イ　処分庁

処分庁は、審査請求の対象となる行政処分を行った行政庁です。たとえば、市の福祉事務所長が生活保護申請を却下した場合、この福祉事務所長が処分庁に該当します。審査請求の手続においては、処分庁は自らの判断の適法性や妥当性を弁明するため、弁明書を作成して審理員に提出します。

ウ　審査庁

審査庁は、審査請求を受け付け、裁決を行う行政庁です。審査庁は、審査請求の対象となる行政処分の違法性及び不当性を審査します。審査庁の役割には、審査請求の受付・事前審査、審理員の指名、行政不服審査会への諮問、裁決等があります。

エ　審理員

審理員は、審査請求の審理を担当する審査庁の職員です。審理員は審査請求手続を主宰する者で、審査請求人と処分庁の双方の主張や証拠書類等を精査し、審理員意見書を作成します。この意見書は、審査庁が裁決を行う上で重要な参考資料となります。審理員には法的知識と、事実認定や調査を行う能力が求められます。

オ　行政不服審査会

行政不服審査会は、審査庁からの諮問を受けて、審査請求について第

三者の立場から答申を行う行政機関です。学識経験者などから構成され、公正性・中立性を確保しながら、処分の違法性や不当性を審議します。行政不服審査会は審査庁に対し答申を提出し、その内容が最終的な裁決に影響を与えることが多いです。行政不服審査会は、国及び地方公共団体にそれぞれ設置されており、透明性と信頼性を高める役割を果たします。

カ　審査請求における処分庁と審査庁の役割の区別

　審査請求においては、処分庁と審査庁がそれぞれ異なる役割を担います。同一の自治体や行政庁内であっても、同じ職員が処分庁と審査庁の業務を兼任することは想定されておらず、これらの役割は明確に区別する必要があります。

　　(ア)　処分庁と審査庁が同一自治体に所属するケースについて

　処分庁と審査庁が同じ自治体内の行政庁である場合でも、審査請求手続では両者は別の行政庁として取り扱われます。この点は特に注意が必要です。

　たとえば、Y県税事務所長がAに対し不動産取得税の賦課処分を行い、Aがこの処分を不服としてY県知事に審査請求を行ったケースを考えます。この場合、Y県税事務所長とY県知事は同じY県という地方公共団体に所属していますが、審査請求手続では、Y県税事務所長が処分庁として、Y県知事が審査庁としての役割をそれぞれ担います。このように、同一自治体内に所属していても、処分庁と審査庁は法的に明確に分けられています。

第1章　行政不服審査担当のシゴトとは？　　15

●図表1−15：処分庁と審査庁が同一自治体に所属するケース

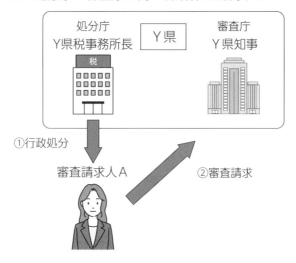

(イ)　処分庁と審査庁が同一行政庁のケースについて

　同一の行政庁が処分庁と審査庁の両方の役割を兼ねるケースもあります。

　たとえば、Ｙ県知事が情報公開条例に基づき不開示決定処分を行った場合、この処分に対して審査請求がなされることがあります。この場合、Ｙ県知事には上級行政庁はありませんから、Ｙ県知事は処分庁として自らが行った行政処分について、同時に審査庁として審査を行う役割を担うことになります。

　外部からみると違和感を覚える場合があるかもしれませんが、実務上は、処分庁を担当する部署と審査庁を担当する部署は分かれており、実際の業務においては中立性と公平性は保たれています。

●図表1−16：処分庁と審査庁が同一行政庁のケース

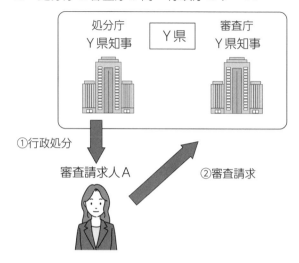

(5) 職員の業務は、主にこの3つ！

続いて、実際の審査請求の業務内容についてみていきましょう。

審査請求の業務は、主に①審査庁業務、②審理員業務、③行政不服審査会の事務局業務（以下「事務局業務」といいます。）の3つに分けられます。不服審査の担当者になった場合、大規模な自治体ではこのうちの1つの業務を担うことが多いですが、小規模な自治体では、同時に複数の業務を担当しなければならない場合もあります。

審査請求の流れと上記①〜③の業務を視覚的に示したものが以下の図です。各業務がどのように位置付けられているかを確認しながら、具体的な内容をみていきましょう。

●図表1－17：審査請求の流れと職員の業務

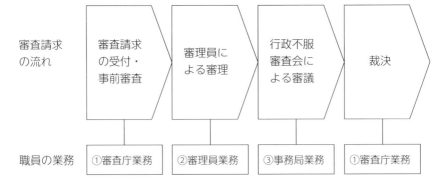

ア　審査庁業務

　審査庁業務の担当者は、主に審査請求の受付と裁決に関する業務を担います。これは、審査請求の最初の段階である受付から、最終的な裁決に至るまでを管理する非常に重要な役割です。審査庁が適切に機能しなければ、審査請求全体のプロセスが滞り、適正な判断がなされない可能性があるため、責任が重い業務といえます。

　特に、審査請求の受付業務では、審査請求人と直接対応することが多く、単に書類を受け取るだけでなく、審査請求人からの相談や質問に迅速かつ適切に応じる必要があります。こうした直接の対応は、審査請求人が抱える不安や不満に直面する場面も多く、感情的なやりとりに発展することもあります。そのため、審査庁業務の担当者には、コミュニケーション能力や冷静な対応力が求められ、精神的な負担が大きくなることも少なくありません。

　さらに、審査庁業務には、審理員の指名や、行政不服審査会への諮問手続を行う業務も含まれます。また、場合によっては、執行停止に関する業務も担当します。執行停止とは、審査請求人が行政処分の執行により重大な不利益を被るおそれがある場合に、その処分を一時的に停止するものであり、迅速かつ適切な判断が求められます。

イ　審理員業務

　審理員は、審理員意見書の作成という極めて重要な業務を担っています。審査請求のプロセスにおいて、審理員は中立かつ公正な判断を行う重要な役割を果たしており、審査請求の「花形」といっても過言ではありません。審理員としての業務を担当する職員は、処分庁から独立した立場で、審査請求全体の審理を主導します。

　具体的な業務として審理員は、まず審査請求人が提出した審査請求書や反論書、さらに処分庁から提出された弁明書や関連する証拠書類等を精査します。また、審理員は、審査請求人や処分庁が提出した証拠書類等だけでは事実認定が困難な場合には、自ら証拠書類等の収集を行うことができます。

　審理の過程では、審査請求人と処分庁の双方の主張の適否を検討するだけでなく、自ら法律の解釈についても調査をする必要があります。このため、審理員には相当の法的知識と調査能力が求められます。

　そして最終的に、審理員は自身の意見を「審理員意見書」として取りまとめます。この意見書は、行政処分の違法性及び不当性に関する審理員としての判断を記載したものであり、審査庁に提出され、裁決に大きな影響を与えます。

ウ　事務局業務

　事務局業務は、行政不服審査会が円滑に運営されるよう、事務的かつ組織的な支援を行う極めて重要な役割を担っています。事務局業務を担当する職員は、審査会の裏方として、スムーズな進行を支える役割を果たすことが求められます。具体的には、審査庁からの諮問の受付や管理、審査会の開催に向けた準備、審議記録の作成、さらには答申書案の作成など、幅広い業務を行います。これらの業務は表に出にくいものの、審査会全体の運営が適切かつ効率的に行われるための基盤を築いています。

たとえば、諮問の受付や管理は、審査会に付託される案件の適正な処理に欠かせない作業であり、これをミスなく行うことが、審査会の信頼性を保つ上で非常に重要です。また、審査会の開催準備においては、審査会資料の作成や委員への連絡、会場の手配など、細かい調整が求められます。審査会が円滑に進行するかどうかは、事務局業務の担当者がどれほど周到な準備を進められるかにかかっているといっても過言ではありません。

さらに、審議記録の作成は、審査会の議論内容を正確に記録し、将来的な参考資料や裁決の参考として活用されるため、慎重かつ迅速に行う必要があります。また、答申書案の作成に関しては、事務局業務の担当者が審査会の判断を正確に反映するために、委員との連携を密に行い、答申書案の起案や内容の修正を丁寧に進めることが求められます。

エ　主な業務内容のまとめ

これまでに説明した審査請求手続における各担当者の具体的な業務内容を、以下の表に整理しました。それぞれの役割を再確認し、全体像を把握する参考としてください。

●図表 1 − 18：主な業務内容のまとめ

	主な業務内容
審査庁業務の担当者	①審査請求の受付・事前審査 ②審理員の指名 ③行政不服審査会への諮問 ④裁決書の作成 ⑤執行停止の決定
審理員	①審理手続の主宰 ②審理員意見書の作成
事務局業務の担当者	①諮問の受付 ②行政不服審査会の開催準備 ③審議記録の作成 ④答申案の作成

Column2　審理員の複数配置と人事異動に伴う負担

　不服審査の現場では、不服審査担当の部署に審理員が複数配置されることが少なくありません。審理員は、公正かつ中立的な立場で事実関係を調査し、審査請求に対する適正な判断を支える重要な役割を担っています。しかし、審理員が複数いる場合、人事異動が発生するたびに、それに伴う事務手続が発生し、自治体にとって大きな負担となることがあります。

　具体的には、人事異動が行われると、まず現職の審理員の指名取消手続が必要です。また、新たに審理員となる者の指名も必要です。この取消しと新たな指名については、起案処理と審理関係人への通知が必要です。これらの手続は厳格である必要があり、ミスが許されません。特に、審査請求の審理が進行中の場合、新旧審理員間での引継ぎも不可欠で、迅速かつ正確な対応が求められます。

　このような事務手続の負担は、自治体にとっての課題の1つです。適切な人事管理と、審理員の交代時における確実な引継ぎが行われることで、審査請求の手続を途切れさせることなく、円滑に進行することが求められます。

II 審査請求の審査の構造 〜難しいけど大切なこと〜

　審査請求の流れや業務内容等の基本を理解したうえで、次に重要なことは、審査請求の構造を把握することです。特に、審査請求の審査を①本案前の審査と②本案の審査という2つの段階に分けて理解することが重要です。

●図表1－19：本案前の審査と本案の審査

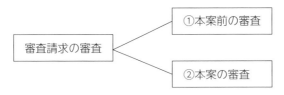

　①本案前の審査とは、審査請求の適法要件を確認する審査を指し、「適法性審査」とも呼ばれます。②本案の審査とは、行政処分の違法性及び不当性を判断する審査を指し、「実体審査」とも呼ばれます。
　①本案前の審査では、審査請求が適法要件を満たしているかどうかを審査します。適法要件とは、審査請求が法律で定められた条件や期限等を満たし、適法となるために必要な要件をいいます。この要件を満たさない場合、本案の審査に進むことなく審査請求は却下されます。いわゆる「門前払い」に該当する状況です。
　一方、②本案の審査では、行政処分の違法性及び不当性が審査されます。行政処分が適法かつ妥当である場合、審査請求は棄却されます。一方で、行政処分が違法又は不当と判断される場合、審査請求は認容されます。審査請求が認容された場合、行政処分は取り消され、審査請求人の権利利益が救済されることとなります。

●図表1-20：本案前の審査と本案の審査の流れ

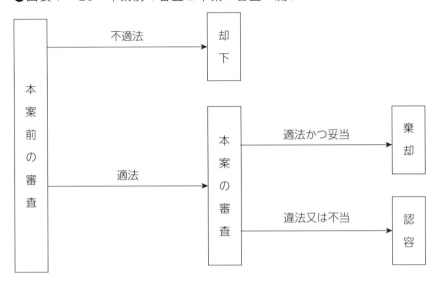

1　本案前の審査

本案前の審査では、審査請求が適法要件を満たすか否かを審査します。審査請求の適法要件としては以下のものがあります。

① 審査請求書の必要的記載事項を記載していること
② 代理人や法人による審査請求の場合に必要な書面を添付していること
③ 審査請求をすべき行政庁に審査請求書を提出していること
④ 適用除外事由に該当しないこと
⑤ 審査請求の対象が行政処分であること
⑥ 不服申立人適格があること
⑦ 不服申立ての利益があること
⑧ 審査請求期間を遵守していること

⑴　審査請求書の必要的記載事項を記載していること

　審査請求を行う際には、原則として審査請求書を提出する必要があります（法19条1項、書面主義）。そして、審査請求書には、同条2項に規定された以下の必要的記載事項を記載することが求められています。

---

①　審査請求人の氏名又は名称及び住所又は居所
②　審査請求に係る処分の内容
③　審査請求に係る処分があったことを知った年月日
④　審査請求の趣旨及び理由
⑤　処分庁の教示の有無及びその内容
⑥　審査請求の年月日

　このように、法律で定められた必要的記載事項がある以上、これらがすべて揃っていなければ、審査請求は不適法となり、却下されるように思えます。

　しかし、たとえば「審査請求の年月日」など、記載がなくても実際の審査に大きな支障をきたさない事項については、その記載漏れがただちに審査請求の不適法性をもたらすものではありません。

　したがって、必要的記載事項に不足があっても、その内容や重要性を総合的に検討し、記載が欠けていても実質的に問題が生じない場合には、不適法と判断しないことも実務上の対応として許容されます。これは、実務において、審査請求に過度の負担をかけないようにしつつ、適正な審査手続を確保するための配慮といえるでしょう。

⑵　**代理人や法人による審査請求の場合に必要な書面を添付していること**

　審査請求人は、代理人によっても行うことができます（法12条1項）。しかし、その場合には、代理人の氏名や住所を審査請求書に記載

することに加えて（法19条4項）、代理人としての資格を証明する書面、すなわち委任状を審査請求書に添付する必要があります（法施行令4条2項）。

委任状は、代理人が審査請求を行う正当な権限を有していることを示す重要な書類です。委任状がない場合、審査請求が本当に本人から正当な委任を受けた代理人によって行われたかどうかを確認することができません。

そのため、代理人による審査請求において、委任状の添付を欠く場合には、不適法として却下されます。

また、法人も審査請求をすることができますが、この場合も代理人の場合と同様に、法人の代表者の氏名や住所を審査請求書に記載し（法19条4項）、代表者としての資格を証明する書面、たとえば登記事項証明書を審査請求書に添付する必要があります（法施行令4条2項）。これらの書面を添付しない場合も、審査請求は不適法となり、却下されます。

⑶　審査請求をすべき行政庁に審査請求書を提出していること

訴訟の場合、訴状を管轄権のある裁判所に提出しなければならないのと同様に、審査請求書もこれを適切な行政庁に提出しなければなりません。

ア　審査請求書の提出先

審査請求書の提出先は、行審法4条に規定されていますが、自治体に関する審査請求については、以下の原則と例外を押さえておけば十分です。

　　㋐　原　則

まず、処分庁に上級行政庁（当該事務に関し、処分庁を直接指揮監督する権限を有する行政庁のことをいいます。）がある場合には、最も上位の上級行政庁（以下「最上級行政庁」といいます。）に審査請求書を提出します（法4条4号）。この場合、当該最上級行政庁が審査庁とな

第1章　行政不服審査担当のシゴトとは？　　25

ります。なお、審査請求書は処分庁を経由して提出することもできます（法21条1項）。

●図表1－21：最上級行政庁に対する審査請求

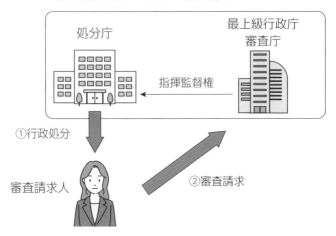

他方、上級行政庁がない場合には、当該処分庁に審査請求書を提出します（法4条1号）。この場合、当該処分庁が審査庁となります。

●図表1－22：処分庁に対する審査請求

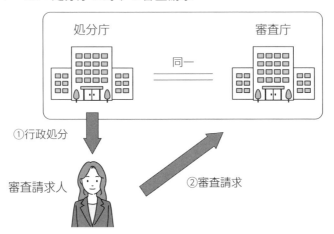

以上が審査請求書の提出先についての原則的なルールです。

たとえば、県の県税事務所長が行った処分であれば、県税事務所長の最上級行政庁は県知事になるため、県知事に審査請求書を提出します。また、県知事が行った処分の場合、県知事に上級行政庁は存在しないため、県知事に対して審査請求書を提出します。時折、市長の上級行政庁が県知事であるとか、県知事の上級行政庁が国であるといった誤解に基づく問合せを受けることがありますが、これは誤りですので、その旨を丁寧に説明しましょう。

(イ) 例 外

以上の原則を理解したうえで、次に例外について押さえましょう。例外とは、法律に特別のルールが定められている場合を指します。

具体的には、法定受託事務に関する処分（地方自治法255条の2第1項）や、国民健康保険に関する保険給付に関する処分（国民健康保険法91条1項）などが該当します。たとえば、市長が行った生活保護法78条に基づく徴収金額決定処分は、法定受託事務であるため、市長ではなく都道府県知事に対して審査請求を行うことになります（地方自治法255条の2第1項2号）。この場合、当該都道府県知事が審査庁となります。

●図表1－23：法律で定める行政庁に対する審査請求

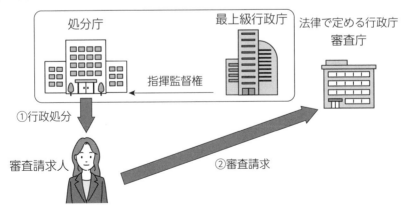

イ　誤った審査請求先に審査請求書が提出された場合

　審査請求書の提出先は、上級行政庁の有無や法律の特別なルールの有無などによって大きく異なりますが、住民がこれを正確に理解することは容易ではありません。

　そのため、時折、本来の審査請求書の提出先ではない行政庁に審査請求書が届くことがあります。この場合の対応は、①処分庁の教示が誤っていた場合と②処分庁の教示が正しかった場合に分けられます。

　　㋐　処分庁の教示が誤っていた場合

　まず、処分庁が誤って審査請求先として教示してしまった場合などには、正しい審査請求先への送付など、行審法22条の規定に従った処理を行います。

　○行政不服審査法

　第22条　審査請求をすることができる処分につき、処分庁が誤って審査請求をすべき行政庁でない行政庁を審査請求をすべき行政庁として教示した場合において、その教示された行政庁に書面で審査請求がされたときは、当該行政庁は、速やかに、審査請求書を処分庁又は審査庁となるべき行政庁に送付し、かつ、その旨を審査請求人に通知しなければならない。

　2　前項の規定により処分庁に審査請求書が送付されたときは、処分庁は、速やかに、これを審査庁となるべき行政庁に送付し、かつ、その旨を審査請求人に通知しなければならない。

　　㋑　処分庁の教示が正しかった場合

　問題は、誤った教示もないにもかかわらず、審査請求人が誤った行政庁に審査請求書を提出した場合です。この場合、当該行政庁（以下、便宜上「審査庁」といいます。）の職員は、審査請求先が誤っていることを審査請求人に説明します。しかし、審査請求人がその説明に応じず、

誤った行政庁への提出に固執する場合には、審査庁としては、審査請求書の受け取りを拒絶したり、返戻したりすることはできません。したがって、審査請求書を受け付けたうえで、審査庁違いを理由に行審法24条2項に基づく却下裁決を行うしかありません。

正しい審査請求先に提出すれば適法となる場合には、審査請求期間との関係も考慮し、審査庁としては早急に却下裁決を行い、審査請求人が正しい審査請求先に再度審査請求をできるようにすることが望ましいです。

●図表1－24：誤った審査請求先に審査請求書が提出された場合の対応

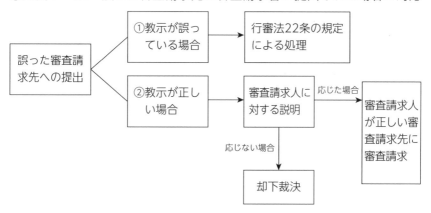

(4) 適用除外事由に該当しないこと

行審法7条には審査請求の適用除外の規定があります。これに該当する場合、審査請求を行うことはできません。

審査請求の適用除外として代表的なものには、以下のようなものがあります。

① 地方税の犯則事件に関する法令に基づいて徴税吏員がする処分（1項7号）

② 学校、講習所、訓練所又は研修所において、教育、講習、訓練又は研修の目的を達成するために、学生、生徒、児童若しくは幼児若しくはこれらの保護者、講習生、訓練生又は研修生に対してされる処分（1項8号）

③ 専ら人の学識技能に関する試験又は検定の結果についての処分（1項11号）

④ 行政不服審査法に基づく処分（1項12号）

⑤ 国の機関又は地方公共団体その他の公共団体若しくはその機関に対する処分で、これらの機関又は団体がその固有の資格において当該処分の相手方となるもの（2項）

　これらの適用除外に該当する場合、審査請求は不適法となり、却下されます。実務において特に注意すべき点は、住民に対して誤って審査請求が可能であるかのように回答してしまうことです。これが後々トラブルの原因になることがあります。したがって、審査請求の相談を受けた際には、その不服の対象となる処分が適用除外事由に該当するか否かを慎重に検討する必要があります。少しでも疑問がある場合は、逐条解説等を参照し、正確な根拠に基づいて回答することが重要です。

(5)　審査請求の対象が行政処分であること

　審査請求の対象は「行政庁の処分その他公権力の行使に当たる行為」（法1条2項）、すなわち、「行政処分」に限定されています。

　そのため、行政処分に該当しない行政庁の行為、たとえば単なる事実行為や、行政指導、民法上の契約については、審査請求の対象とはならず、このような行為を対象とする審査請求は不適法なものとして却下されます。

実際、「行政不服審査」という文言から、行政庁に対する不服を何でも申し立てられる制度と誤解している住民もおり、行政処分に該当しない行為について審査請求がされることがあります。

●図表1－25：審査請求の対象となる行政庁の行為

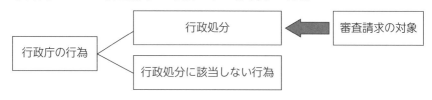

　では、行政処分とはどのような行政作用を指すのでしょうか。
　これについては確立した最高裁判例があり、行政処分とは、①公権力の主体たる国又は公共団体が行う行為のうち、②その行為によって、直接国民の権利義務を形成し又はその範囲を確定することが法律上認められているものをいいます（最高裁昭和30年２月24日判決・民集９巻２号217頁）。
　要するに、行政庁が法律により認められた優越的な地位に基づいて、一方的に住民の法的地位に具体的な変動を及ぼす行為のことです。
　したがって、たとえば、窓口での職員の不親切な対応や、電話での説明不足などを不服とする審査請求は、行政処分を対象とするものではなく、不適法であることが明らかなので、却下されます（法24条２項）。
　もっとも、行政処分に関する上記定義は、抽象的なものであるため、具体的なケースに当てはめる際には解釈の余地が生じます。特に、近年では行政の役割が複雑化・多様化しており、単純に行政処分の定義に当てはめただけでは結論が出ないケースも存在します。
　このように行政処分の該当性については、法律の解釈上難しい点があり、行政法の一般原則、個別の法律の規定内容、そして関連する判例の理解が重要です。これらを踏まえ、慎重な判断が求められます。

(6) 不服申立人適格があること

不服申立人適格とは、不服申立てを適法にすることができる資格のことをいいます。

行審法2条は、「行政庁の処分に不服がある者」とだけ規定しており、不服申立人適格を行政処分の相手方に限定していません。したがって、処分の相手方でない第三者であっても、審査請求をすることができます。

では、行政処分に不服があれば誰でも不服申立人適格が認められるかというとそうではありません。法は「国民の権利利益の救済を図ること」を目的としていますから、その行政処分によって権利利益が侵害されるなど、行政処分を取り消すことについて「法律上の利益」がなくてはなりません（主婦連ジュース事件最高裁昭和53年3月14日判決・民集32巻2号211頁）。

●図表1-26：不服申立人適格

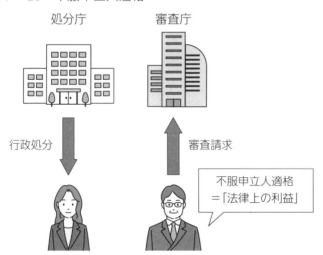

第三者に「法律上の利益」があるか否かを判断するにあたって、参考になるのが、行訴法9条2項です。

〇行政事件訴訟法
第9条2項　裁判所は、処分又は裁決の相手方以外の者について前項に規定する法律上の利益の有無を判断するに当たつては、当該処分又は裁決の根拠となる法令の規定の文言のみによることなく、当該法令の趣旨及び目的並びに当該処分において考慮されるべき利益の内容及び性質を考慮するものとする。

　　この場合において、当該法令の趣旨及び目的を考慮するに当たつては、当該法令と目的を共通にする関係法令があるときはその趣旨及び目的をも参酌するものとし、当該利益の内容及び性質を考慮するに当たつては、当該処分又は裁決がその根拠となる法令に違反してされた場合に害されることとなる利益の内容及び性質並びにこれが害される態様及び程度をも勘案するものとする。

　したがって、不服申立人適格が認められるか否かは行訴法9条2項の基準で判断すればよいのです。

　もっとも、不服申立人適格の有無は、処分の根拠法令の趣旨・目的や処分において考慮されるべき利益の内容・性質を考慮しなければ判断できないので、単純に結論が出せるものではありません。

　行政処分の該当性についての判断と同様に、行政法の一般原則、個別の法律の規定内容、そして関連する判例の理解を踏まえ、慎重な判断が求められます。

(7)　不服申立ての利益があること

　不服申立ての利益とは、審査請求人が当該行政処分の取消しにより得られる法律上の権利・利益のことをいいます。

第1章　行政不服審査担当のシゴトとは？　　33

審査請求は、行政処分の取消しにより「法律上の利益」を回復することを目的とするものですから、「法律上の利益」がないにもかかわらず、審査請求をすることは意味がありません。そのため不服申立ての利益は審査請求の適法要件とされているのです。なお、この不服申立ての利益と不服申立人適格を併せて広義の不服申立ての利益といいます。

●図表1−27：広義の不服申立ての利益

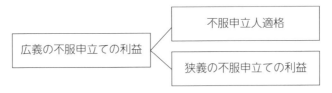

　たとえば、児童福祉法33条1項に基づく一時保護処分に対し審査請求をした後、処分庁が自ら当該行政処分を取り消した場合、当該処分の効力は失われ、取消裁決によって回復すべき法律上の利益はありませんので、不服申立ての利益はないと解されます。
　もっとも、取消裁決によって回復されるべき法律上の利益があるかどうかは、根拠となる法律やその仕組み、行政処分の効果などを多角的に検討する必要があり、簡単に結論が出せるものではありません。
　行政処分や不服申立人適格の該当性についての判断と同様に、行政法の一般原則、個別の法律の規定内容、そして関連する判例の理解を踏まえ、慎重な判断が求められます。

(8)　**審査請求期間を遵守していること**
　　ア　審査請求期間とは
　審査請求はいつまでもできるというわけではありません。まず、審査請求は、処分があったことを知った日の翌日から起算して3か月を経過したときは、原則としてすることができません（法18条1項本文）。こ

れを主観的審査請求期間といいます。

「処分があったことを知った日」とは、処分のあったことを現実に知った日をいい、郵送等の方法により社会通念上審査請求人が知り得る状態に置かれたときは、特段の事情がない限り、処分を知ったものと解されています。

また、審査請求は、処分があった日の翌日から起算して1年を経過したときも、することができません（法18条2項本文）。これを客観的審査請求期間といいます。「処分があった日」とは、処分の効力が生じた日をいいます。

●図表1－28：審査請求期間

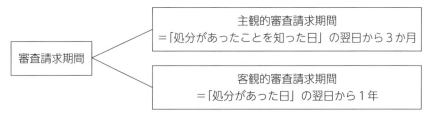

主観的審査請求期間内であれば原則として適法と判断されますが、たとえ主観的審査請求期間内であっても、客観的審査請求期間を超えている場合には、原則として不適法とされます。したがって、審査請求を行うためには、主観的審査請求期間と客観的審査請求期間の両方を満たしている必要があります。

●図表1−29：主観的審査請求期間と客観的審査請求期間

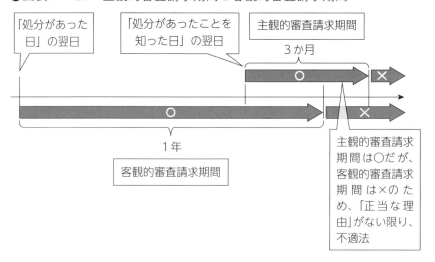

イ　正当な理由とは

　主観的審査請求期間や客観的審査請求期間を過ぎた審査請求でも、「正当な理由があるとき」は適法な審査請求として扱われます（法18条1項ただし書、同条2項ただし書）。
　「正当な理由があるとき」の例としては、行審法82条に基づく教示がなかった場合や誤って長期の審査請求期間が教示され、この期間内に審査請求がされた場合などがあります。

ウ　審査請求期間に関する審査

　審査請求期間の審査は以下のような流れになります。
　まず起算日を確定します。主観的審査請求期間であれば「処分があったことを知った日」、客観的審査請求期間であれば「処分があった日」が起算日となります。
　「処分があったことを知った日」は、審査請求書に記載されている日付と処分通知書の発送日等から社会通念上審査請求人が知り得る状態に

置かれた日を特定します。

「処分があった日」は、処分通知書の発送日等から審査請求人に処分通知書が到達した日を特定します。

次に、満了日を確定します。満了日は、主観的審査請求期間であれば起算日から３か月、客観的審査請求期間であれば起算日から１年において応当する日の前日になります（民法143条２項）。

満了日を確定したら、次に実際に審査請求書が提出された日を確定します。これは、窓口での提出であれば審査請求書を受け取った日、郵便での提出であれば消印の日（法18条３項）となります。

以上を踏まえて、審査請求書の提出日が審査請求書の満了日を徒過しているかを確認します。

たとえば、１月20日が「処分があったことを知った日」であれば、その翌日の１月21日が起算日となり、４月20日が満了日となります。したがって、審査請求書が同日を過ぎて提出された場合（たとえば４月21日にされた審査請求）には、当該審査請求は原則として不適法となります。

なお、審査請求期間の期限が行政庁の休日に当たるときは、その休日の翌日が期限となります（地方自治法４条の２第４項）。先の例でいえば、４月20日が日曜日であれば、その翌日の21日が満了日となり、同日までの審査請求は適法となります。

上記に従って、審査請求期間を徒過している場合には、次に「正当な理由」の有無についての審査をします。ポイントは、審査庁が事前審査（法24条２項の該当性の審査）の段階でこの審査を行う場合には、正当な理由がないことが「明らか」でない限り、審理員にその判断を委ねるということです。

「正当な理由」の有無は、審査請求人の個別の事情を考慮しないと判断が付かないことが多いので、審査庁で容易にこれがないと判断して却下をすることは法24条２項の規定に違反するおそれがあります。

審査請求書上は、「正当な理由」が書いていなかったとしても、審査請求人の言い分を聞いてみると、「正当な理由」と認められる事情がある場合があります。このような場合であっても、審査庁としては、まずは正当な理由の有無について補正を求め（法23条）、「正当な理由」について補正があり、その評価について公正な判断が求められる場合には、審理員にその判断を委ねるべきでしょう。

2　本案の審査

　本案前の審査をした後は、本案の審査に進みます。この段階では、行政処分の違法性と不当性の審査が行われます。

●図表1−30：本案の審査

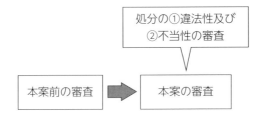

(1)　処分の違法性の審査

　処分の違法性は、①実体的違法性と②手続的違法性の2つに分けられます。本案の審査においては、審査請求の争点が①実体的違法性にあるのか②手続的違法性にあるのかを見極めることが重要です。

●図表1−31：①実体的違法性と②手続的違法性

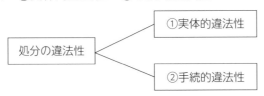

①実体的違法性とは、処分の内容自体が法令に違反していることをいいます。たとえば、根拠法令に定められた要件の一部を欠いたまま処分を行った場合が典型的な例です。このような場合、処分に瑕疵があることは明白であり、処分の違法性が認められます。

②手続的違法性とは、処分を行う際の手続に瑕疵があることをいいます。処分手続のルールを定めた法令としては、行手法や行政手続条例があります。手続的違法性の有無は、基本的にこれらの法令の規定に基づいて判断されることが多いです。

たとえば、行手法では、処分を行う際の理由提示義務（8条、14条）や聴聞・弁明の機会付与義務（13条）などについて規定されています。これらの手続義務に違反した場合には、手続的違法性があったとされ、処分の違法性が認められることになります。

(2) 処分の不当性の審査

「処分の不当性」とは、処分が法令に違反しているとはいえないものの、合理的で適切な判断とはいえない、あるいは社会通念や公平性に照らして不適切であると判断される場合を指します。つまり、処分が法的には適法であっても、その内容が不合理であることを指します。

処分の不当性を審査するにあたっては、法規範が直接の基準を提供していないため、客観的かつ明確な基準を設定することが難しいとされています。そのため、実務上、処分の不当性を認定することは慎重にならざるを得ず、容易ではありません。一方で、不当性の判断が必要とされる場合には、法令の趣旨や社会通念、事案の個別的事情を総合的に考慮し、処分の妥当性や合理性を十分に検証することが求められます。特に、不当性を理由に処分が取り消された場合、処分庁にはこれに対する救済手段がないため、処分庁が納得できるような合理的で説得力のある理由を提示する必要があります。

3　本案前の審査と本案の審査の順序

　審査請求の審査は、大きく分けて①本案前の審査と②本案の審査に分けられますが、これらの審査はどのような順番で進められるべきなのでしょうか。

●図表1－32：①本案前の審査と②本案の審査

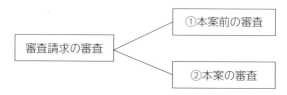

　①本案前の審査は、審査請求の適法要件が満たされているかを確認するための手続であり、適法要件を満たさない場合には、②本案の審査、すなわち処分が違法又は不当であるかの審査をするまでもなく、審査請求は却下されます。したがって、②本案の審査は、原則として①本案前の審査を通過した後に行うものです。

●図表1－33：①本案前の審査と②本案の審査の順序

　もっとも、行政不服審査法には、①本案前の審査と②本案の審査を明確に区別する規定はありません。①本案前の審査の判断が困難であり、②本案の審査において事実関係をある程度明らかにしなければ処分の違法性や不当性を判断できない場合には、両者を並行して行うことも可能です。
　たとえば、「不服申立人適格」が問題となる場合を考えます。不服申

立人適格は、処分によって直接的に権利利益を侵害された者に認められるものですが、その適格の有無を判断するために処分の具体的影響を検討する必要が生じる場合があります。このようなケースでは、①本案前の審査と②本案の審査を完全に分けて行うのではなく、並行して進めることが適切です。

このように、適法要件の確認が本案の事実関係と密接に関わる場合には、①本案前の審査と②本案の審査を並行して行ってもよいでしょう。

4 審査請求の各段階における審査の対象

審査請求は、①審査請求の受付・事前審査、②審理員による審理、③行政不服審査会による審議、④裁決という各段階を経て進みます。それぞれの段階では以下の審査が行われます。

①の段階：審査庁による本案前の審査
②の段階：審理員による本案前と本案の審査
③の段階：行政不服審査会による本案前と本案の審査
④の段階：審査庁による本案前と本案の審査

●図表1−34：審査請求の各段階における本案前・本案の審査

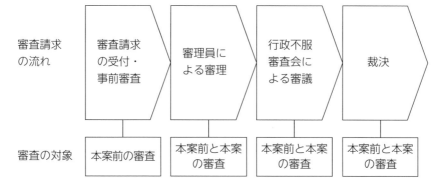

第1章 行政不服審査担当のシゴトとは？　41

⑴　**審査庁の事前審査段階における本案前の審査**

　まず、①審査庁による事前審査の段階では、本案前の審査のみを行います。この審査で、審査請求が明らかに不適法であると判断された場合、審査庁は、行審法24条2項に基づいて却下裁決を行います。

　しかし、審査請求が不適法であることが明らかでない場合には、却下裁決を行うことはできません。たとえば、審査請求期間が経過しているか否かが問題となる場合、「正当な理由」が認められるかどうかを判断するためには、審査請求人が請求期間内に審査請求を行うことが困難だった具体的な事情を確認する必要があります。具体的には、災害や重大な病気によって審査請求をすることができなかった場合や、処分通知書の教示に誤りがあった場合などが考えられます。こうした場合には、審査庁が独自に判断を行うのではなく、審理員を指名し、審理員に審査請求の適法性を判断してもらう必要があります。

　なお、本案の審査を、①審査庁による事前審査の段階で行うことはできません。行政処分の違法性及び不当性の審査は、公正な判断が求められるため、審理員や行政不服審査会の審査を経た上で行われるものとされています。

⑵　**審理員による本案前と本案の審査**

　次に、②審理員による審理の段階では、本案前の審査と本案の審査が行われます。ただし、本案前の審査については、①審査庁による事前審査の段階で明らかに不適法な審査請求が既に却下裁決となっているため、ここで行う本案前の審査は、審査請求期間の「正当な理由」の有無、処分性、不服申立人適格、不服申立ての利益など、当事者の主張を証拠書類等に照らして吟味しないと結論が出せない一部の事案に限られます。審理員が審査請求を不適法と判断し、却下すべきと考えた場合には、却下相当の審理員意見書を作成し、審査庁に提出します。

　他方、審査請求が適法であると考えた場合には、本案の審査をしま

す。本案の審査では、審査請求人から提出された審査請求書及び反論書、処分庁から提出された弁明書を基に、それぞれの主張を踏まえ、証拠書類等により事実認定を行い、処分の違法性及び不当性について判断を下します。処分が適法かつ妥当である場合には棄却相当の審理員意見書を、処分が違法又は不当な場合には認容相当の審理員意見書を作成し、これを審査庁に提出します。

(3) 行政不服審査会による本案前と本案の審査

　審査庁が審理員から審理員意見書を受領すると、行政不服審査会に諮問するかどうかを判断します。審理員意見書の内容が却下相当の場合で、かつ、審査庁も却下が相当と判断した場合には、行政不服審査会に諮問せず、却下裁決を行うことができます（法43条1項6号）。一方で、審査請求が適法であり、諮問除外事由（同項）のいずれにも該当しない場合、審査庁は行政不服審査会に諮問します。

　このように、行政不服審査会に諮問される案件は、基本的には審査庁が審査請求を適法と判断したものが想定されるため、行政不服審査会の段階で本案前の審査をすることは多くありません。しかし、行政不服審査会が本案前の審査をすることが排除されているわけではなく、審査庁が却下相当の審理員意見書を受領したものの、審査請求の適法性について行政不服審査会の判断を仰ぐべきと考えて諮問した場合には、行政不服審査会による本案前の審査が行われます。また、審査庁が審査請求を適法と考え諮問した場合でも、行政不服審査会が本案前の審査を行い、審査請求が不適当であると判断し、却下相当の答申を行うこともあり得ます。

　ただし、行政不服審査会は、第三者機関として、主に処分の違法性及び不当性を審議することが期待されているため、審査の中核は本案の審査となります。行政不服審査会は、時には調査権限（法74条）を行使しつつ、委員による活発な審議を通じて処分の違法性及び不当性を審議

第1章　行政不服審査担当のシゴトとは？　43

します。その結果、処分が適法かつ妥当であれば棄却相当、処分が違法又は不当であれば認容相当の答申を審査庁に行います。

⑷　裁決段階における本案前と本案の審査

　審査庁が行政不服審査会から答申を受けた場合、審査庁は本案前の審査、本案の審査を行った上で、審査請求に対する最終的な判断である裁決を行います。

　本案前の審査においては、審理員意見書や答申の内容に拘束されるわけではありませんが、これらを尊重しつつ、審査庁独自の権限と責任において審査請求の適法性を判断し、不適法であれば却下裁決を下します。

　審査請求が適法であれば、審理員意見書や答申の内容を踏まえて、処分の違法性及び不当性を審査し、最終判断を行います。処分が適法かつ妥当であれば棄却裁決を、処分が違法又は不当であれば認容裁決を行います。

⑸　各段階における審査の概要

　以上に述べたとおり、本案前の審査は全段階にわたって行われ、本案の審査は審理員による審査以降の段階で行われます。この関係を裁決の内容と合わせて整理したものが、以下の図です。

●図表 1 − 35：審査請求の各段階における審査と裁決の内容

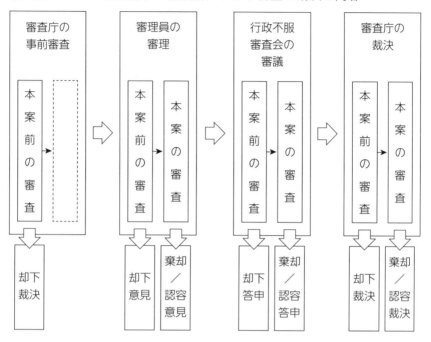

第 1 章　行政不服審査担当のシゴトとは？　　45

行政不服審査法とは？

1　行政不服審査の根拠は行政不服審査法

　ここでは、行政不服審査の法的根拠について確認します。

　行政不服審査は、行政庁に対して、その処分を取り消すよう求めることができる強力な制度です。そのため、明確な法的根拠が必要となります。それが「行政不服審査法」です。

　この法律は、国民の権利利益の救済と行政の適正な運営を確保するために、行訴法と同じ昭和37年に制定されました。

●図表1－36：行政不服審査法と行政事件訴訟法

2　平成26年の大改正、そのポイントは？

　平成26年に行審法は大幅に改正され（施行は平成28年4月）、より使いやすく、より公正な制度へと生まれ変わりました。改正のポイントは、①公平性の向上と②使いやすさの向上です。

●図表1－37：平成26年改正のポイント

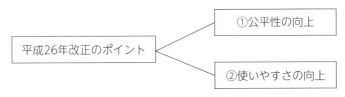

(1) 公平性の向上

ア　処分に関与しない職員＝審理員が審理

　改正前の行審法では、審査請求を担当する職員に関して、法律上の制限は特に設けられていませんでした。そのため、たとえば、市民税に関する処分について、その処分を所管する税務課の職員が審査請求の審査を担当することも可能でした。しかし、改正後の行審法では、処分に関与していない第三者的な立場の職員が審理員（法9条）として審理を行うことが義務付けられ、公正性をより一層確保した審査が実現されるようになりました。

イ　行政不服審査会によるチェック

　審査の公平性については、審理員制度を採用することで確保されるようになりましたが、改正法ではさらに客観性と公正性を高めるために、行政不服審査会への諮問制度（法43条）が導入されました。学識経験者等で構成される行政不服審査会が審査内容をチェックすることで、多角的な視点からの検証が可能となっています。ただし、審査請求人が希望しない場合や、行政不服審査会が諮問を不要と判断した場合には、このチェックを省略することができます。これにより、迅速な裁決が求められる場合にも柔軟に対応できる仕組みが整備されています。

ウ　審査請求人の権利拡充

(ア)　証拠書類等のコピーの交付請求

　改正前の行審法では、審査請求人は処分庁が審査庁に提出した証拠書類等を閲覧することはできましたが、コピーの交付を受けることはできませんでした。

　改正後の行審法では、証拠書類等の閲覧に加えてコピーの取得が可能となり（法38条）、審査請求人が自身の主張や反論を行うための準備がより容易になりました。これにより、審査請求人の攻撃防御の機会が大

幅に向上しています。

　(イ)　口頭意見陳述の拡充

　また、改正前の行審法では、口頭意見陳述制度が存在していたものの、処分庁の職員の出席は義務付けられておらず、審査請求人は審査庁に対して意見を述べることしかできませんでした。

　しかし、改正後の行審法では、処分庁の職員の口頭意見陳述への出席が義務付けられ（法31条2項）、さらに審査請求人が処分庁に対して質問を行うことが可能となりました（同条5項）。これにより、意見陳述の場がより実質的かつ双方向的なものとなり、審査請求人の権利救済が一層強化されています。

●図表1－38：法改正前後の口頭意見陳述の比較

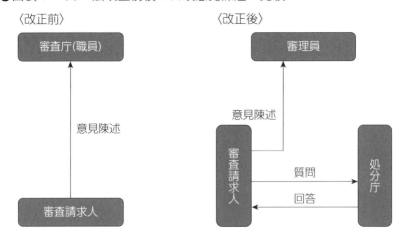

(2)　使いやすさの向上

　ア　主観的審査請求期間の延長

　法改正前は主観的審査請求期間が60日でしたが、法改正により3か月に延長されました（法18条1項）。これにより、審査請求の準備期間に余裕ができ、より多くの人が制度を利用しやすくなりました。

イ 審査請求への一元化

法改正前は、上級行政庁が存在しない場合、処分庁に対して「異議申立て」を行う必要がありましたが、法改正により、不服申立てが原則として「審査請求」に統一されました。これにより、手続が簡素化され、より分かりやすい制度となりました。

ただし、法律に特別の規定がある場合には例外として、再調査の請求（法54条）や再審査請求（法62条）を行うことが認められています。再調査の請求については、国に対する不服申立てに限定されているため、本書では解説を割愛します。

●図表1−39：法改正前後の不服申立ての比較

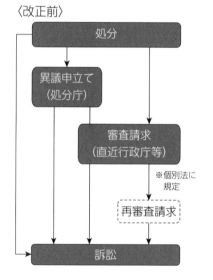
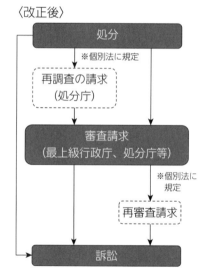

ウ 迅速な審理の確保

(ア) 標準審理期間の設定

改正法では、審査庁による迅速な審査を促すため、標準審理期間の設定を努力義務として課しています（法16条）。標準審理期間とは、審査

請求が到達してから裁決をするまでに通常要すると考えられる標準的な期間を指します。

　標準審理期間は、各自治体の実情を総合的に勘案して定めるものですが、たとえば、審査請求の受付や事前審査に1か月、弁明書の提出に1か月、反論書の提出に1か月、裁決書の作成に1か月というように、各過程における標準的な業務期間を算出した上で、これを積算して求める方法が考えられます。また、行政不服審査会に諮問する場合としない場合では、審理に要する期間が大きく異なるため、両者を区別して設定することが望ましいでしょう。

　以下では、武蔵野市が設定している標準審理期間を参考例として挙げておきます。

●資料1：武蔵野市の標準審理期間

審査請求の標準審理期間

　行政不服審査法（平成26年法律第68号）第16条の規定に基づき、審査庁となるべき行政庁は、審査請求がその事務所に到達してから当該審査請求に対する裁決をするまでに通常要すべき標準的な期間（標準審理期間）を定めるよう努めることとされています。

　武蔵野市長が審査庁となるべき審査請求の標準審理期間について、本市では以下のとおり定めています。

　行政不服審査会等への諮問を行わない場合　4カ月

　行政不服審査会等への諮問を行う場合　11カ月

・個人情報の保護に関する法律（平成15年法律第57号）、武蔵野市情報公開条例（平成13年3月武蔵野市条例第5号）及び武蔵野市死者情報の開示に関する条例（令和4年12月武蔵野市条例第43号）に基づく開示決定等の処分に係る審査請求を除く。

・行政不服審査法第43条第1項第2号の規定により、同法第9条第1項各号に掲げる機関若しくは地方公共団体の議会又はこれらの機関に類するものとして政令で定めるものの議を経るべき旨又は経ることができる旨の定めがあり、かつ、当該議を経て裁決をする場合の審査請求を除く。

（注意事項）

1.標準審理期間は、審査請求の審理期間の目安として定められるものであり、審査請求の内容（事案の複雑性、困難性、特殊性等）により、具体的な審理期間は変動します。

2.審査請求書に不備があって補正を行う場合、審理員が審査請求人又は参加人の申立てにより口頭意見陳述等を実施する場合、武蔵野市行政不服審査会が審査請求人又は参加人の申立てにより意見の陳述等を実施する場合によっても、審理期間は変動します。

（出典：武蔵野市ホームページ）

　㈣　計画的遂行に関する手続

　不服申立ては、簡易かつ迅速な手続により国民の権利救済を図る制度であるため、迅速な手続の進行が求められます。しかし、事件が複雑な場合には、弁明書や反論書だけでは争点を整理することが難しく、迅速な遂行が困難になることがあります。そこで、改正法では審理の計画的遂行に関する手続規定（法37条）が設けられ、審理員の迅速な手続遂行を図りやすくしています。

　もっとも、実務上この手続が使用された例はあまり多くありません。これは、審理員がこの手続を利用せずとも争点を把握し、迅速な遂行を実現していることを示しているとも考えられますが、一方で、制度そのものが十分に知られていないことや、その効果に対する疑問が要因として挙げられます。

第1章　行政不服審査担当のシゴトとは？　　51

エ　不服申立前置制度の見直し

　法改正前は、不服申立てに対する裁決を経なければ裁判を起こせない不服申立前置制度の規定が多数存在しました。すなわち、行訴法では不服申立前置制度を原則として採用していませんが（8条1項本文、自由選択主義）、個別法でこの制度を定めることは禁止されていません（同項ただし書）。そのため、法改正前には、96の法律で不服申立前置制度が規定されていました。

　しかし、この制度は国民の裁判を受ける権利を制限しているとの批判を受け、68の法律で廃止又は縮小されました。一方で、生活保護法や地方税法など、依然として主要な審査請求に関しては不服申立前置制度が残されています。

　不服申立前置制度を採用しているか否かは、処分通知書や裁決書に記載する教示の内容に影響します。このため、処分庁の職員や審査庁業務を担う職員は、審査請求の対象となる処分について、不服申立前置制度が適用されるかどうかを正確に確認し、適切に対応することが求められます。

3　行政不服審査法の目次の重要性

　法律を理解するには、法律全体の仕組みを知ることが重要です。法律の仕組みは「目次」をみれば一目瞭然なので、さっそく行審法の目次を確認してみましょう。

○行政不服審査法
目次
第1章　総則（第1条—第8条）
第2章　審査請求
　第1節　審査庁及び審理関係人（第9条—第17条）

第2節　審査請求の手続（第18条―第27条）

第3節　審理手続（第28条―第42条）

第4節　行政不服審査会等への諮問（第43条）

第5節　裁決（第44条―第53条）

第3章　再調査の請求（第54条―第61条）

第4章　再審査請求（第62条―第66条）

第5章　行政不服審査会等

第1節　行政不服審査会

第1款　設置及び組織（第67条―第73条）

第2款　審査会の調査審議の手続（第74条―第79条）

第3款　雑則（第80条）

第2節　地方公共団体に置かれる機関（第81条）

第6章　補則（第82条―第87条）

附則

　この目次からも明らかなとおり、行審法は、第1章（1条～8条）で
不服申立てに関する総則的な規定を設け、第2章（9条～53条）で審
査請求に関する具体的な規定を定めています。

　第2章では、第1節（9条～17条）において審理員、審査請求人、
参加人に関する規定を設けています。また、審査請求の手続について
は、第2節以下（18条～53条）で詳細に規定されています。具体的に
は、審査請求の受付や事前審査については第2節（18条～27条）、審理
員による審査業務については第3節（28条～42条）、行政不服審査会へ
の諮問については第4節（43条）、裁決業務については第5節（44条～
53条）に規定されています。

　さらに、行政不服審査会に関する規定は、第5章（67条～81条）で
詳細に取り扱われています。

　このように、行審法は審査請求業務の流れに沿う形で条文が構成され

第1章　行政不服審査担当のシゴトとは？　　53

ているため、目次を活用して条文を理解することは、行政不服審査業務全体を把握するうえでも役立ちます。

　行政不服審査の担当者は、こうした全体像を頭に入れたうえで、自らの業務において生じた問題点については、まず目次を参照して関係する条文を特定し、その内容を正確に理解する必要があります。

　行政不服審査の業務は、単にマニュアルや過去の慣例に頼るのではなく、行審法という法律の条文に基づいて遂行されるべきです。この際、法律の条文が業務の根拠となるため、担当者は、自分が行っている業務が行審法のどの条文に基づいているのかを正確に把握し、その解釈や適用方法を深く理解する努力を怠らないことが重要です。

●図表１−40：行審法の条文構造

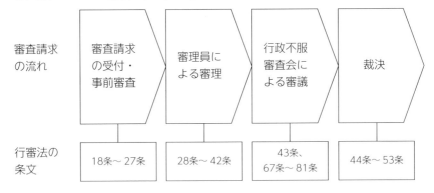

2

行政不服審査担当としての心構えとスキルセット

Ⅰ 心構え

1 行政不服審査は住民からの様々な意見が詰まっている

　行政不服審査は、行政庁が行った行政処分に対して住民が不服申立て
をし、違法又は不当な行政処分を取り消してもらうための救済制度です。

　もっとも、不服審査を単なる救済制度として捉えてしまうのは少し
もったいないような気がします。というのも、住民は、様々な不満や意
見を持って不服申立てをしており、不服申立てには、住民の多様な意見
や声が反映されているからです。

　たとえば、不動産取得税の賦課処分に対し不服申立てがされた場合、
そこには不動産の評価額が実際の市場価値と合わないと感じた住民の声
が反映されています。また、生活保護の支給額に関する不服申立てから
は、生活に困窮している生活保護世帯からの悲痛な叫び声が聞こえてき
ます。

　これらの多様な意見は、住民1人ひとりの生活に直結する問題に関す
るものであり、それぞれの背景や状況は、今後の行政運営のヒントにな
るかもしれません。

2 行政全体を見渡すことが大切

　不服審査は、行政機関の処分に対する不服を申し立てるための制度で
あり、住民の権利を守るための重要な手段です。しかし、この申立てを
適切に審理するためには、行政全体を見渡す視点が不可欠です。

　というのも、行政は非常に多岐にわたる分野をカバーしており、不服
審査の対象となる分野も、各行政分野によって様々な処分や事案がある
からです。具体的には以下のような分野と処分があります。

> ① 税金に関する分野
>   固定資産税、不動産取得税など税金の賦課や減免に関する処分
> ② 福祉に関する分野
>   生活保護、児童手当、国民健康保険など社会保障給付に関する処分
> ③ 建設に関する分野
>   建築確認、開発許可など建設に関する処分
> ④ 環境に関する分野
>   廃棄物処理、公害防止（大気汚染防止、水質汚濁防止など）に関する処分
> ⑤ 情報に関する分野
>   情報公開や個人情報保護に関する処分

　不服審査の担当者には、行政不服審査法の理解だけでなく、多様な行政分野に知識や関心を持ち、大局的な視点から審査を行うことが求められます。

 Ⅱ　必須スキル

1　審査の構造の理解

　不服審査において、審査請求の審査の構造を理解することは非常に重要です。この構造を理解することで、審査の流れやその要点を把握し、適切な対応を行うことができます。特に、本案前の審査と本案の審査の

違いを理解することが、実務上大きな意義を持ちます。具体的な構造の説明については、既に第1章Ⅱで解説しているため省略しますが、審査を行ううえでの基盤として、この構造を頭に入れておくことで、不服審査の業務をより効率的かつ的確に進めることができるのです。このスキルは不服審査担当職員の必須のスキルといっても過言ではありません。

2　法的三段論法と事実認定の理解

　審査請求の本案の審査では、処分の違法性と不当性が審査されます。その際、法的三段論法と事実認定が重要な役割を果たします。

(1)　法的三段論法とは

　法律問題を解決するための論理的な推論方法です。法的三段論法は「大前提」「小前提」「結論」の3つの要素から構成されます。

●図表2-1：法的三段論法

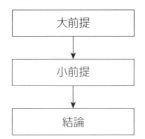

(2)　大前提

ア　大前提とは

　大前提とは、法的三段論法の第1段階であり、一般的に適用される法規範（ルール）を指します。処分は法律に基づいて行われるため、処分の違法性を判断する際の法規範（ルール）は、処分の根拠法令に記載されています。たとえば、児童相談所長による一時保護の場合、根拠とな

る法律としては児童福祉法33条1項があります。この条文には、児童相談所長が「必要があると認めるとき」に一時保護をすることができると規定されています。したがって、「必要があると認めるとき」という要件が、一時保護をするための法規範（ルール）となります。

●図表2－2：大前提

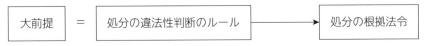

> ○児童福祉法
> 第33条1項　児童相談所長は、必要があると認めるときは、第26条第1項の措置を採るに至るまで、児童の安全を迅速に確保し適切な保護を図るため、又は児童の心身の状況、その置かれている環境その他の状況を把握するため、児童の一時保護を行い、又は適当な者に委託して、当該一時保護を行わせることができる。

イ　法律の解釈

処分の違法性を判断する上で、処分の根拠法令が大前提となることは理解できたと思いますが、法律は一般的かつ抽象的なルールを定めているため、個別具体的な事案においては、条文の文言だけで具体的な判断基準を把握するのが難しい場合があります。たとえば、一時保護の場合、児童福祉法33条1項の「必要があると認めるとき」という文言がありますが、この表現だけでは、どのような場合に「必要があると認めるとき」という要件を満たし、一時保護を適法と判断してよいのかが分かりません。

そこで次に、この「必要があると認めるとき」とは具体的にどのような場合に認められるのか、法律の解釈が必要となります。

●図表2−3:根拠法令と法律の解釈

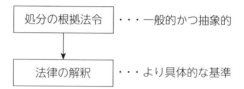

　では、法律の解釈とはどのように行えばよいのでしょうか。
　法律の解釈には様々な手法があります。たとえば、文理解釈（法律の条文の意味を、文法や言葉の通常の用法に従って解釈する方法）、目的論的解釈（法条の趣旨や目的に応じて解釈する方法）、類推解釈（ある事項について法律が規定していることを規定のない類似の事項に当てはめて解釈する手法）等があります。しかし、自治体の職員がこれらの解釈手法を使いこなして適切な結論を導くことは容易ではありません。
　そのため、まずは裁判例を調査することをおすすめします。法律の解釈は訴訟において裁判所が行う専権事項であり、実際の裁判において裁判所が示した解釈は最も信頼ができるからです。
　たとえば、大阪地裁平成28年6月3日判決・判例地方自治424号39頁では、「必要があると認めるとき」について、「一時保護を加える『必要がある』か否かの判断は、都道府県知事ないし児童相談所長の合理的な裁量に委ねられていると解するのが相当である。したがって、児福法33条の規定による一時保護は、裁量権の範囲を超え、又はその濫用があったと認められる場合に限って違法となり、取り消されるべきものといえる。」と判示しています。
　したがって、実際の審査請求における審査でも、この裁判例を踏まえ、一時保護の違法性に関する法規範（ルール）は、「裁量権の範囲を超え、又はその濫用があったと認められる場合に限り違法となる。」という基準を採用することになります。

●図表2−4：根拠法令と法律の解釈の調査手法

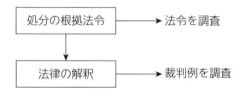

(3) 小前提

　ア　小前提とは

　小前提とは、大前提を適用するための具体的な事実のことをいいます。先ほど説明した大前提が一般的に適用される法規範（ルール）を指すのに対し、小前提はその法規範を適用するための具体的な事実を指します。

　たとえば、児童相談所長が一時保護を行った事案では、「親が児童の顔面を殴打した」という事実が小前提の例として挙げられます。この小前提が正しいかどうかは、証拠書類等（法32条参照）に基づいて認定されます。この証拠書類等に基づいて具体的事実を認定するプロセスを「事実認定」といいます。

●図表2−5：小前提

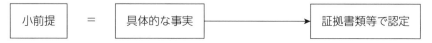

　イ　事実認定の重要性

　審査請求において、事実認定は極めて重要なプロセスです。法律は一般的なルールを定めているに過ぎず、そのルールを具体的な事案に適用するためには、まず正確な事実認定をしなければなりません。この事実認定が誤っていると、その後に行われる法的判断が誤ったものとなります。

たとえば、児童相談所による一時保護の事例では、「必要があると認めるとき」という法規範を正しく適用するためには、「親が児童の顔面を殴打した」という具体的事実が正確に認定されなければなりません。

この事実認定が誤っていた場合、たとえば、実際は「親が児童の顔面を殴打したことはない」にもかかわらず、「親が児童の顔面を殴打した」という誤った事実認定がなされてしまうと、結果として、一時保護が適法と判断され、審査請求が棄却されてしまいます。そうなると、審査請求人（親）は、せっかく権利救済のために審査請求をしたにもかかわらず、救済が図られない（一時保護が取り消されず、児童が親の元に帰れない。）という不合理な結果を招いてしまうことになります。

ウ　事実認定の限界と証拠書類等の重要性

「真実は神様しか知らない」という言葉が示すように、審査請求の担当者が完全な事実を把握することは不可能です。担当者は、現場で起こったことを直接見聞きする立場にないため、実際に何が起こったのかを正確に知ることはできません。そのため、事実認定には必然的に限界があるといわざるを得ません。

では、審査請求の担当者は、どのようにして事実認定を行うべきでしょうか。それは、審査請求人や処分庁から提出される証拠書類等に基づいて行うことが、最も合理的で適切な方法です。なぜなら、実際の事実関係を最もよく知るのは、審査請求人や処分庁だからです。これらの者は、事件の当事者として、その場で何が起こったのかを直接体験しているため、事実に関する最も具体的で詳細な情報を持っています。たとえば、審査請求人は、処分がどのようにして行われ、自身の権利や利益がどのように侵害されたかをよく理解しており、一方、処分庁はその処分の前提となる事実関係や判断過程を最もよく把握している立場にあります。したがって、これら当事者が持っている情報を具現化した証拠書類等を提出してもらい、これに基づいて事実を認定することが、正確な

事実認定を行ううえで極めて重要なのです。

●図表2-6：事実認定と証拠書類等

エ　事実認定の方法
　㋐　はじめに

　事実認定には、大きく分けて2つの方法があります。1つは、直接証拠によりその事実を直接的に証明する方法、もう1つは、複数の間接事実を積み上げて、事実を推認する方法です。審査請求においては、審査請求人や処分庁から提出される証拠書類等を基に、これら2つの方法を適切に使い分けながら事実認定をすることが重要です。

　なお、ここでいう事実とは処分の基礎となる事実（以下「主要事実」といいます。）を指します。たとえば、一時保護の例でいえば、「親が児童の顔面を殴打した」という事実のことをいいます。

●図表2-7：主要事実と間接事実

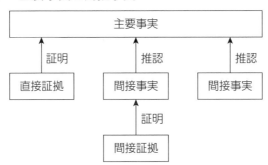

第2章　行政不服審査担当としての心構えとスキルセット　　63

(イ) 直接証拠とは

　まず、事実認定の基本的な方法として「直接証拠」による認定があります。直接証拠とは、ある主要事実を直接に証明する証拠のことをいいます。たとえば、一時保護の例でいえば、児童に対する暴力を目撃した者の供述や暴力の現場を撮影した映像が直接証拠になります。直接証拠は事実を直接に示す証拠であるため、一般的には事実に対する証明力は高いようにも思えます。しかし、直接証拠だからといって常に証明力が高いとは限りません。目撃証言は直接証拠ですが、目撃者の記憶違いや嘘などによって、真実と異なる内容である可能性もあります。

●図表2-8：直接証拠

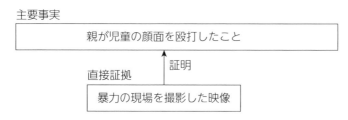

(ウ) 間接事実とは

　「間接事実」とは、主要事実を、経験則に基づいて推認させる事実をいいます。言い換えれば、直接見て取ることができない主要事実を、間接的に証明するための事実です。そして、この間接事実を証明する証拠書類等を間接証拠といいます。一時保護の例でいえば、児童福祉司が児童から親の暴力について聞き取り、その供述内容を書面（指導経過記録票）に記載した場合、児童福祉司が記載した書面の内容は間接事実にあたり、この書面自体は間接証拠に当たります。すなわち、児童福祉司は、直接、暴行の現場を見たわけではないので、児童福祉司が聞き取った内容を記載した書面（指導経過記録票）は直接証拠とはなりません。しかし、児童が児童福祉司に親の暴力について話した内容（たとえば、

○月○日の夜に親から顔面を殴られた。）は、児童福祉司との対話の状況や供述内容の具体性などから信頼性が高いと評価されれば、親による暴力の事実を推認するものとなります。さらに、この間接事実と他の間接事実（たとえば、同時期に児童の顔に怪我の跡があったことなど）を組み合わせることによって、主要事実を認定することが可能となるのです。このように、間接事実同士を組み合わせることで、直接証明できない主要事実を合理的に推認し、正確な事実認定を行うことが可能となります。

●図表2－9：間接事実

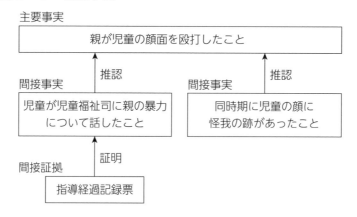

(エ) 証拠書類等の証明力

事実認定は、提出された証拠書類等の証明力に大きく依存します。証明力とは、証拠書類等が事実を証明する力の強さ、すなわちその信頼性や客観性の度合いをいいます。証拠書類等の証明力の判断は、審査請求の担当者が経験則等に照らし合わせて行います。担当者は、証拠書類等の証明力を社会通念等に照らして慎重に評価することが求められます。

証拠書類等の証明力を評価する際には、主に、①作成者の信頼性、②客観的な内容、③証拠書類間の整合性の3つの要素が重要となります。

① 作成者の信頼性

　証拠書類等を作成した者の信頼性が、証明力に直結します。たとえば、公的機関が作成した正式な文書は、信頼性が高く、証明力も強いとされています。一方、個人の主観的な意見に基づき作成された意見書等は、信頼性に乏しいとされることが多く、証明力が低いと評価される傾向にあります。

　また、作成者の信頼性を評価するにあたっては、作成者の立場、専門性、そしてその証拠書類等の作成過程が重視されます。

　たとえば、先ほどの例で挙げた児童経過記録票は、具体的かつ詳細に記録されており、作成当時の認識や収集した情報がそのまま記載されているため証明力が高いといわれています（東京地裁平成29年6月29日判決・判例集未掲載）。

② 客観的な内容

　証拠書類等がどれだけ客観性を備えているかも、証明力を大きく左右します。たとえば、写真、動画、音声記録などの物的証拠は、主観が入りにくく、客観性が高い証拠といえます。第三者機関による調査結果なども、中立性があるため、客観性が高くなります。

③ 証拠書類間の整合性

　複数の証拠書類等が互いに補完し合い、矛盾がない場合、その証明力は高まります。たとえば、一時保護の事例において、児童福祉司の指導経過記録票と怪我の状況等を撮影した写真の内容が一致している場合、証明力が高まります。

⑷　結論（法的判断）

　法的三段論法は、大前提（法規範）、小前提（事実認定）、そして結論の3つの要素から成り立ちます。結論は、大前提と小前提を適用して導き出される最終的な法的判断を指します。

　審査請求においても、この結論部分は重要な役割を果たし、処分が違

法か否かがこの段階で決定されることになります。

　一時保護の例で説明すると、まず大前提として「必要があると認めるとき」（児童福祉法33条1項）という法規範があり、これを解釈して具体的な違法性の判断基準を導き出します。具体的には「裁量権の範囲を超え、又はその濫用があったと認められる場合に限り違法となる。」という基準です。

　次に、小前提として本件事案における具体的な事実を認定します。

　そして、この小前提を大前提に適用することで、一時保護が適法であるかどうかの結論を導き出します。具体的には、証拠書類等に基づき「親が児童の顔面を殴打した。」という事実を認定した場合、児童相談所長が一時保護を行ったことは「裁量権の範囲を超え、又はその濫用があったと認められる場合」に当たらないため、「一時保護は適法である。」という結論が導き出されます。

●図表2－10：一時保護の例

Ⅲ 階級別スキルセット

　行政不服審査は、行審法という法律に基づく手続ですが、その事務を適切に行うためには、単に行審法を知っているだけでは不十分です。行政不服審査を担当する職員には、法的知識だけでなく、論理的思考力やコミュニケーション能力なども求められます。

　このスキルや知識は、自治体の規模や実際に担当する事務、たとえば、審査請求の受付、審理員、又は行政不服審査会の事務局などによって異なります。また、不服審査事務に初めて配属された職員なのか、経験豊富な職員なのか、一般職員なのか、管理職なのかによっても大きく異なります。

　ここでは、担当事務や職層に関係なく、経験年数に応じて初級、中級、上級に分けて、不服審査を担当する職員が身に付けておくべき知識やスキルの例を挙げます。

1　初　級

(1)　文章力、論理的思考力、コミュニケーション能力
ア　文章力
　行政不服審査では、審査請求人や処分庁等に向けた多くの文書を作成する必要があります。そのため、明確で分かりやすい文章を作成する能力が求められます。特に、審理員意見書や裁決書等の重要な書面を作成する際には、正確で誤りのない文章を書く力が必要です。

イ　論理的思考力
　審査過程では、提出された証拠書類等や法令を基に論理的に判断を下すことが求められます。審査請求人や処分庁からの意見を法的に整理

し、処分の根拠法令などから論理的に正しい結論に導くための思考力が不可欠です。

ウ　コミュニケーション能力

行政不服審査の手続では、審査請求人や処分庁の職員との調整が頻繁に発生するため、円滑なコミュニケーションが重要です。特に、審査請求人の多くは審査請求の手続に馴染みがないため、手続の内容を分かりやすく説明し、理解を得るための対話力が求められます。

(2)　法的知識（行政不服審査法、行政事件訴訟法、行政手続法、地方自治法、行政法総論）

ア　行政不服審査法

行審法は、行政不服申立ての具体的な手続を定めた法律です。そのため、行政不服審査を適正かつ公正に進めるためには、担当職員がこの法律を十分に理解している必要があります。不服審査を担当する職員は、行政不服審査を主宰する側の者ですから、この手続を円滑に進めるためにも行政不服審査法に精通している必要があるのです。

イ　行政事件訴訟法

行政不服審査は行政処分に対する不服を申し立てるための救済手続ですが、この手続が終わった後でも不服が解消されない場合、国民は最終的に行政事件訴訟を提起することができます。したがって、行政不服審査の担当者が行訴法の知識を持っていることは、行政不服審査の結果が後の訴訟にどのように影響するかを理解するために重要です。

また、行訴法の重要論点である「処分性」、「原告適格」、「訴えの利益」などは、行政不服審査においても同様に重要な論点となることが多いため、行政不服審査の担当者は、これらを深く理解しておく必要があります。たとえば、「原告適格」（行訴法9条）は、行政不服審査における不

服申立適格（行審法２条）と共通する概念であり、原告適格の考え方は、不服申立適格の有無を判断するうえでも参考になります。

ウ　行政手続法

行手法は、行政処分の適正な手続について定めています。行政不服審査では、行政処分の実体的違法性だけでなく、手続的違法性も審査の対象となるため、不服審査の担当者は、行手法の知識を習得しておく必要があります。

行手法は、行政処分がどのような手続を経て行われるべきかを詳細に規定しています。たとえば、行政庁が不利益処分をする際には、弁明や聴聞といった意見陳述の機会を付与する必要があり（行手法13条）、また、不利益処分をする理由も提示する必要があります（同法14条）。行政不服審査においては、これらの手続が適正に執られているか否かも審査の対象となるため、担当者は行手法に関する正確な知識が求められるのです。

エ　地方自治法

地方自治法を理解することも重要です。その理由は、地方自治法が自治体の組織や権限、運営に関する基本的な枠組みを定めており、その理解が行政不服審査の適正な審査や手続の進行に不可欠だからです。たとえば、地方自治法は、自治体がどのように組織され、どの機関がどのような権限を持っているかを規定しています。処分が適法であるかどうかを判断するためには、処分庁が行った行政処分が地方自治法における適正な権限配分に基づいているかを確認する必要があり、そのためにも地方自治法の理解が必要なのです。

オ　行政法総論

行政法総論とは、行政法全般にわたる基本的な原則や概念、制度につ

いての総括的な学問領域のことを指します。行政法総論では、行政処分の効力（公定力、不可争力、執行力、拘束力、不可変更力等）や行政処分の取消し・撤回等が取り上げられていますが、これらの知識は、不服審査において行政処分が適法に行われたかどうかを判断する際に必要となります。また、行政機関が行う行政処分には裁量を伴う場合が多いですが、この裁量権が適切に行使されているかを判断することも不服審査の重要な役割です。行政法総論では、裁量権の範囲やその限界についても取り扱っており、この理解があることで担当者はより正確な判断を下すことが可能になります。

　さらに、行政法総論では、行政法の基本原則である「法の下の平等」や「比例原則」も取り上げられます。これらの原則は、行政処分が適法かつ妥当であるかを評価するための基準となり、不服審査においてしばしば問題となります。担当者がこれらの原則を理解していることで、より公正で適正な審査を行うことができます。

　このように行政法総論を学ぶことで、担当者は法律の適用や解釈の基本を身に付け、実務で直面する様々な法的問題に対して適切な判断を下す能力を強化することができるのです。

2　中　級

(1)　解決力

　行政不服審査は、単に法律に従って手続を淡々と進めるだけでは不十分であり、担当者には柔軟で実効的な解決力が求められます。法律に基づいた判断や手続は基本的な要件ですが、それだけで住民の納得や問題の根本的な解決にはつながらない場面があります。たとえば、大量の審査請求がある場合、すべての案件に適切に対応し、迅速かつ公平な審査を行うためには、効率的な業務運営が不可欠です。ここでの解決力とは、単に法律の規定に従うだけでなく、各事案の優先順位を見極め、限

第2章　行政不服審査担当としての心構えとスキルセット　　71

られたリソースの中から最適な対応策を見つけ出す能力を指します。

　また、行政不服審査の過程で、法的に処分が違法だと考えられる場合、担当者は処分庁に対してその処分の取消しを検討してもらうことを提案することで、問題を迅速に解決できる場合があります。法律上、違法な処分がある場合、そのまま審査を続けるよりも、処分庁が自ら処分の取消しを行うことで、迅速に問題が解決し、住民にとっても行政にとっても有益な結果となることが多いです。このように、法的判断と実務的な解決をバランスよく図る能力が、担当者には求められます。

(2)　法的知識（民法等の私法）

　経験豊富な中級の行政不服審査の担当者といえるためには、民法等の私法の知識の習得が必要です。その理由は、行政処分の適法性や妥当性を判断する際に、民法の原則や概念がしばしば重要な役割を果たすからです。たとえば不動産取得税の賦課処分等のような不動産に関する行政処分では、民法上の所有権などの権利関係が問題となります。こうした場合、担当者がこれらの権利関係を正確に理解し、処分の適法性を判断するには、民法の知識が不可欠となります。

3　上　級

(1)　人材育成能力

　ベテランといえる上級の不服審査の担当者を目指すのであれば、人材育成能力を磨きましょう。その理由は、組織全体の質の向上や安定した不服審査業務を実現するために、次世代の担当者を効果的に指導・育成することが重要だからです。

　不服審査の業務は法的知識だけでなく、実務経験や判断力が求められる複雑なものです。このため、経験豊富な担当者が新人や経験の浅い職員に対して、業務の進め方や重要な判断ポイントを伝えることが不可欠

です。人材育成能力がある担当者は、こうした知識やノウハウを効果的に共有できるため、組織全体のスキルアップにつながります。

具体的な方法としては、マニュアルの整備と職員に裁量を持たせることが大きな意味を持ちます。

まず、マニュアルの整備は、業務の標準化と一貫性を確保するために不可欠です。行政不服審査の業務は複雑であり、法的知識や判断力が求められるため、新人や経験の浅い職員が正確に業務を遂行するには明確な指針が必要です。経験豊富な担当者が、自身の知識や経験を基に、実務に即したマニュアルを整備することで、新しい職員が業務を迅速に習得できる環境が整います。このマニュアルは、日常業務の進め方から、特異なケースへの対応方法までを包括的にカバーするものであり、組織全体の業務品質の均一化に寄与します。

加えて、職員に一定の裁量を持たせることは、彼らの成長を促進する重要な要素です。行政不服審査においては、状況に応じた柔軟な判断が求められる場面があり、担当者がすべてのケースに一律に対応するのではなく、個別の事案に最適な対応を選択できるようになることが重要です。経験豊富な担当者が、後進の職員に一定の裁量を持たせることで、彼らの判断力や責任感を育てることができます。もちろん、適切なサポートが必要ですが、職員が自らの裁量で業務を進められるようになると、チーム全体の対応力が向上し、業務効率も高まります。

(2) 法的知識（個別法）

不服審査事務の上級の担当者となるべき者は、地方自治体に関わる個別の法律、特に税や福祉分野に関する法律知識を習得しておきましょう。これらの法律に関する説明は、基本的に処分を行った処分庁がその責任を担います。たとえば、住民が地方税の賦課処分や児童福祉法に係る処分に対して不服申立てをした場合、処分庁はその処分の根拠となる法律や規定について、弁明書により丁寧に説明することが求められま

す。しかし、行政不服審査を担当する者にとっても、これらの法律に関する深い知識が求められる場合があります。その理由について以下に説明します。

まず、行政不服審査において、担当者は処分庁が行った説明や処分内容の適法性を判断しなければなりません。このため、税法や福祉の法律に関する知識が必要となります。担当者がこれらの法律を理解していなければ、審査が表面的なものにとどまり、処分の適法性を正確に審査することが難しくなります。

また、税法や福祉の法律は、非常に複雑で多岐にわたる規定が存在します。処分庁の説明が不十分である場合、行政不服審査の担当者は、その法律問題を自ら理解し、適切な判断を下すことが求められます。担当者がこれらの法律に精通していれば、処分庁に釈明を要求したり、文献資料の提出を要求したりして、より正確で信頼性の高い審理員意見書や裁決書の作成を行うことができます。

⑶　議会対応力、予算事務に関するスキル

議会対応力や予算事務に関するスキルは、自治体の管理職や監督職であれば当然に身に付けておくべきものです。不服審査の事務は、自治体の政策によって大きく変更されるところはなく、基本的に議会対応や予算事務に奔走することは少ないですが、全くないというわけではありません。

ア　議会対応力

不服審査担当者の職務は、単に不服申立ての審査を行い、公正な裁決を下すだけにとどまりません。その裁決が自治体全体に与える影響、特に議会に対する説明責任を果たすことが重要な要素として求められます。地方自治法の規定により、審査請求の裁決には議会の議決を経る必要があるケースが存在し（地方自治法206条2項、229条2項、231条の3第7項、231条の4第4項、238条の7第2項、243条の2の8第

11項、244条の４第２項)、このような場合において担当者の議会対応能力が特に重要となります。

イ　予算事務に関するスキル

　行政不服審査の業務には、行政不服審査会の委員への報酬等、予算が伴うものもあります。担当者は、これらの予算が適切に配分されるよう予算当局に説明する能力が求められます。また配分された予算が無駄なく使用されているかを管理する能力も必要です。

3

行政不服審査担当の業務

行政不服審査担当の業務は、第1章Ⅰ4(5)で述べたとおり、審査庁業務、審理員業務、行政不服審査会の事務局業務に3つに分けられます。

●図表3－1：審査請求の流れと職員の業務

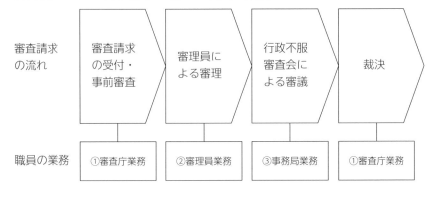

この分類は、主に審査庁、審理員、行政不服審査会という行政機関（職員）に着目したものですが、審査請求の流れとしては、①審査請求の受付・事前審査、②審理員による審理、③行政不服審査会による審議、④裁決、という順序で進みます。以下では、実際の審査請求の流れに沿って、不服審査担当が行う業務の内容を解説します。

●図表3－2：審査請求の業務の流れ

まず、①審査請求の受付・事前審査の段階では、住民から提出された審査請求書を確認し、適法性の要件を満たしているかを検討します。この段階は、審査の出発点として非常に重要な役割を果たします。

　次に、②審理員による審理の段階では、審査庁から指名された審理員が、審査請求書や弁明書等の内容に基づき、事実関係や法の適用関係を検討します。そして、処分庁の処分が適法かつ妥当であるかを判断します。この業務は、事実認定や法令解釈を通じた公正な審理を行うという、行政不服審査の中核に位置付けられるものです。

　③行政不服審査会による審議の段階では、事務局の担当者が行政不服審査会の円滑な運営を支える業務を行います。具体的には、審査会の準備、議事録の作成、審査会委員への必要な情報提供、答申案の作成などが含まれます。これにより、審査会の審議が迅速かつ公正に進むよう支援を行います。

　最後に、④裁決の段階では、審査請求に対する結論を審査庁の裁決書として文書化する重要な業務が行われます。裁決書は、審理員が作成した審理員意見書や行政不服審査会の答申を参考に作成され、審査の結論だけでなく、その根拠となる事実関係や法的判断を詳細に記載します。

　以下では、それぞれの業務の詳細と重要なポイントについてさらに説明します。

 # Ⅰ　審査請求の受付と事前審査

1　審査請求の受付

　審査請求の受付業務は、行政不服審査の適正かつ迅速な手続を支える

基盤であり、全体の手続を円滑に進める上で重要な役割を果たします。この業務を適切に行うためには、審査請求の方法や書面主義の意義、さらに住民からの問合せへの対応方法について、正確に理解しておくことが求められます。ここでは、審査請求の受付に関する基本的な考え方と具体的な実務対応について解説します。

(1) 審査請求は口頭でもできるのか？〜書面主義〜

　まず、審査請求は原則として「審査請求書」という書面でしなければなりません（法19条1項）。このことを書面主義といいます。

　そして、審査請求書に書かなければならない事項は以下のとおり行審法で定められています（同条2項）。

---

① 審査請求人の氏名又は名称及び住所又は居所
② 審査請求に係る処分の内容
③ 審査請求に係る処分があったことを知った年月日
④ 審査請求の趣旨及び理由
⑤ 処分庁の教示の有無及びその内容
⑥ 審査請求の年月日

　以上の6項目さえ記載されていれば、どのような書面で提出しても構いません。いかなる形式の紙でも、法定の記載事項が満たされていれば問題ありません。

　まずは、審査請求が書面主義であること、書面には上記6項目を記載しなければならないことをしっかり理解しておきましょう。

　また、審査請求は原則として書面で行う必要がありますが、例外もあります。それは、個別法で口頭による審査請求が認められている場合です。具体的には、以下の法律で口頭による審査請求が認められています。

80

> ・国家公務員共済組合法103条1項
> ・地方公務員等共済組合法117条1項
> ・国民健康保険法99条
> ・社会保険審査官及び社会保険審査会法5条1項
> ・労働保険審査官及び労働保険審査会法9条
> ・介護保険法192条
>
> など

　ここでは、審査請求は書面主義が原則でありつつ、個別法で定められた場合には例外として口頭による審査請求も認められることを理解しておきましょう。

●図表3－3：書面主義と口頭主義

(2) 「審査請求をしたい」と言われたら？

　住民から「審査請求をしたいのですが……」という問合せがあった場合、どのように対応すればよいでしょうか。問合せは①窓口で直接受ける場合と、②電話で受ける場合に分けられるため、それぞれについて以下で解説します。

ア　窓口での対応

　住民が審査請求をしたいと希望する場合、通常は、自分が受けた行政処分の通知書に審査請求ができる旨の教示が記載されていたり、処分庁の職員から審査請求について案内を受けているケースが多いです。
　そこで、まずは審査請求について問合せをした経緯について尋ねる

と、話がスムーズに進みます。具体的には、手元に処分通知書があるかを確認し、ある場合はその通知書を見せてもらいます。

処分通知書等で行政処分が行われていることが確認できたら、次に審査請求の手続について案内をします。

審査請求は書面主義を採用しているので、「審査請求は書面で行っていただく必要があること」と「書面に記載していただく事項が6項目あること」を明確に伝えることが重要です。

審査請求人の中には法的知識に詳しくない方もいるため、記載事項について具体的な例を交え、分かりやすく案内することが求められます。たとえば、審査請求書に記載すべき6項目について、「住所や氏名の記載方法」や「処分の内容をどのように表現するか」などを1つひとつ丁寧に説明すると、住民が理解しやすくなります。

イ　電話での対応

電話での問合せの場合、相手の様子が直接窺えないため、若干の注意が必要です。

まず、窓口対応の場合と同様に、手元に処分通知書があるかどうかを確認します。処分通知書があれば、そのタイトルや内容を教えてもらうと、話がスムーズに進みます。

処分通知書等で行政処分が行われていることが確認できたら、次に審査請求の手続について案内します。

通常、自治体のホームページには審査請求の手続案内と一緒に審査請求書の様式が掲載されているため、まずはその案内をします。

もしホームページに審査請求書の様式が掲載されていなかったり、審査請求人がインターネットを利用できる環境にない場合には、口頭で審査請求の案内を行う必要があります。

案内を行う際は、まず「審査請求は書面で行う必要があること」と「書面に記載すべき6項目があること」を分かりやすく伝えます。その上

で、6項目について具体的に説明し、記載内容を案内する流れが基本です。以下に、電話での案内例を示します。

○電話での審査請求の手続案内の例

住民：「審査請求をしたいのですが、どうすればいいですか？」

職員：「審査請求をご希望ですね。今回、審査請求のご連絡をいただいたのは、何か通知書をご覧になったからでしょうか？」

住民：「○○福祉事務所から通知書をもらって、そこに"不服があれば審査請求ができる"と書いてあったからです。」

職員：「お手元に、その通知書はございますか？」

住民：「あります。」

職員：「その通知書のタイトルと内容を教えていただけますか？」

住民：「○○と書いてあります。」

職員：「かしこまりました。それでは、これから審査請求の手続についてご案内いたします。審査請求は、原則として『審査請求書』という書面での提出が必要です。インターネットが利用できる環境にある場合、ホームページに審査請求書の様式を掲載しておりますので、そちらを利用することが可能です。インターネットのご利用は可能でしょうか？」

住民：「○○」

---

(3) 「口頭で審査請求をしたい」と言われたら？

審査請求に関する問合せで特に多いのが、「書面に書くのは大変なので、口頭で審査請求をしたい」というものです。

しかし、先述のとおり、法律に特別な定めがない限り、口頭での審査請求は認められていません。

このような問合せを受けた際には、まず審査請求の対象となっている

行政処分を確認し、その処分の根拠法令が口頭での審査請求を認めているかどうかを確認する必要があります。認める規定がない場合には、その旨を明確に伝え、書面での手続が必要であることを丁寧に案内しましょう。以下に、回答例を示します。

〇口頭による審査請求の問合せと回答例

住民：「審査請求をしたいのですが、書面に書くのはちょっと大変なので、口頭でできませんか？」

職員：「審査請求は、特別な法律がある場合を除き、書面で行っていただく必要があります。今回の行政処分の根拠となる法律には、口頭での審査請求ができる旨の規定がありませんので、書面での審査請求が必要です。」

住民：「そうなんですね。書面なら何か特別な様式が必要なんでしょうか？」

職員：「いいえ、特別な様式の決まりはございません。ただし、審査請求書には氏名や審査請求の対象となる処分の内容など、6項目を記載していただく必要があります。当市のホームページに様式例が掲載されていますので、よろしければ参考にしてください。」

---

(4) 具体的にどのように書けばいいのか？

審査請求書には6項目の必要事項を記載しなければならないことは先に述べました。では、その6項目を具体的にどのように書けばよいのでしょうか。項目の中には、その名称から内容が推測されるものもありますが、一般の方にとっては難解なものも含まれています。そこで、以下に各項目について詳しく解説します。

ア　審査請求人の氏名又は名称及び住所又は居所

この項目が問題となるケースは少ないため、詳細な解説は不要と思われます。ただし、「居所」という言葉に馴染みのない方もいるかもしれませんので、簡単に説明します。「居所」とは、生活の本拠とまではいえないものの、一定の期間継続して居住している場所を指します。たとえば、路上生活者の方から「審査請求をしたいが住所がないのですが……」と尋ねられた場合には、「普段いらっしゃる場所を書いていただければ大丈夫です。」と案内すると分かりやすいでしょう。

審査請求は書面主義であるため、審査請求に関する書面（例：審理員指名通知書や弁明書など）が「居所」に届かない場合には、書面の交付方法について事前に審査請求人と取り決めておく必要があります。たとえば、携帯電話を持っている場合には電話番号を教えてもらい、必要に応じて連絡して書面を取りに来てもらう方法や、携帯電話を持っていない場合には定期的に来庁してもらい、その場で書面を渡す方法などが考えられます。

なお、電話番号は審査請求書の必須記載事項ではありませんが、審査請求人と連絡を取る必要が生じる場合もあります。そのため、電話番号を審査請求書に記載してもらうことを勧めるとよいでしょう。

イ　審査請求に係る処分の内容

「審査請求に係る処分の内容」は、審査請求の審査対象となる行政処分を特定するために必要な事項です。そのため、正確に記載してもらう必要があります。ただし、「処分」という言葉自体が一般の方には馴染みが薄いため、単に「処分の内容を記載してください」と伝えるだけでは、十分に理解してもらうことが難しい場合が多いです。

そのため、審査請求を希望する方の多くが、処分通知書に記載された教示文をみて問合せをしてくることを踏まえ、まず手元にある処分通知書を確認してもらい、そこに記載されているタイトル、発信者名、発信

年月日を読み上げてもらいます。そして、それらの情報を「審査請求に係る処分の内容」の項目に記載するよう案内します。

たとえば、通知書のタイトルが「生活保護申請却下通知書」、発信者名が「○○市福祉事務所長」、発信年月日が「令和○年○月○日」である場合、「○○市福祉事務所長が、令和○年○月○日付で行った生活保護申請却下処分」と具体的に記載してもらいます。このように、通知書の内容を活用することで、記載方法を分かりやすく伝えることができます。

また、可能であれば処分通知書を審査請求書と一緒に提出してもらうことを勧めると、審査の対象となる処分をより確実に特定することができます。極端な話、「審査請求に係る処分の内容」の項目に「別紙処分通知書のとおり」と記載し、処分通知書を添付してもらう方法でも問題ありません。この場合でも、通知書の内容から処分を特定できれば審査に支障は生じません。

ウ　審査請求に係る処分があったことを知った年月日

この項目では、審査請求人が処分の存在を具体的に知った日を記載してもらいます。「処分があったことを知った日」とは、処分があったことを現実に知った日を指し、単に抽象的に「知り得た」と推測される日ではありません（最高裁昭和27年11月20日判決・民集6巻10号1038頁）。そのため、この日付は審査請求人が処分通知書を実際に受け取った日として記載してもらうのが適切です。

ただし、審査請求人の中には、処分通知書を受け取った具体的な日付を覚えていない方もいます。そのような場合には、「○月頃」といった幅のある記載でも問題ありません。柔軟に対応しながら、審査請求人の記憶や状況に応じた記載方法を案内しましょう。

エ　審査請求の趣旨及び理由

　審査請求書には、「審査請求の趣旨」と「審査請求の理由」を記載する必要があります。この２つは、審査請求人の主張を明確に示すための重要な事項です。そのため、内容を正確に記載することが求められます。それぞれの項目について、以下で詳しく解説します。

　　(ア)　審査請求の趣旨

　一般の方に「審査請求の趣旨は何ですか？」と尋ねても、即答できる方は少ないでしょう。それだけ「審査請求の趣旨」という言葉は、一般的には難解な法律用語といえます。

　「審査請求の趣旨」とは、審査請求人が求める裁決の結論（主文）を指します。簡単に言えば、審査請求人が「どうして欲しいのか」という要望の内容です。ただし、「どうして欲しいのか」と尋ねられても、具体的に答えられない方もいるかもしれません。処分通知書に不服を感じていても、審査請求を通じてどのような法的効果を望むのかを具体的にイメージするのは難しいからです。

　そこで、多くの場合、審査請求の認容裁決が行政処分の取消しを意味することを踏まえ、「たとえば、処分の取消しを求めるのであれば、『処分の取消しを求める』と書いてください」と案内する方法が有効です。

　　(イ)　審査請求の理由

　「審査請求の理由」とは、審査請求の対象となる行政処分が違法又は不当であると主張する具体的な理由を指します。簡単にいえば、「その行政処分に納得がいかない理由」や「どのような点が不合理だと感じているのか」といった内容です。

　この項目は、審査請求人が自身の立場や考えを率直に表現できる場です。不服に感じた点について自由に書いてもらうことが重要であり、たとえば、「○○処分に納得がいかないと考える具体的な理由を書いてください」と案内すると分かりやすいでしょう。

オ　処分庁の教示の有無及びその内容

　この項目で求められている「教示」という言葉は、日常生活ではあまり使われない用語です。「教示」とは、行政庁が国民に対し、審査請求の方法などを教えることを指します。

　審査請求に関する教示は、行政庁が処分を行う際に、処分の相手方に一定の情報を伝えるものです。具体的には、行政庁は以下の事項を記載した書面を交付する義務があります（法82条1項）。

---

① 　当該処分につき不服申立てをすることができる旨
② 　不服申立てをすべき行政庁
③ 　不服申立てをすることができる期間

　教示の有無については、審査請求書の該当項目に「有」又は「無」を記載します。教示がなかった場合は「無」と記入し、教示があった場合は「有」とした上で、実際に処分通知書に記載されていた教示の内容を記載してもらうとよいでしょう。ただし、処分通知書に記載されている教示文は長文であることが多く、そのすべてを審査請求書に転記するのは手間がかかります。

　そのため、審査請求書に教示文が記載された処分通知書を添付し、「処分庁の教示の有無及びその内容」の項目には「別添処分通知書に記載された教示文のとおり」と記載してもらう方法でも問題ありません。

カ　審査請求の年月日

　この項目には、審査請求書を書いた年月日を記載してもらいます。この日付は、審査請求期間を遵守しているかを確認する際の1つの参考となる情報です。

　ただし、この日付が審査請求の適法性を直接左右することは基本的にはありません。なぜなら、仮に日付が記載されていなくても、審査請求

書が提出された日を特定するのに格別の支障が生じるとは考えがたいからです。なお、実際に審査請求人に案内する際には、「『審査請求の年月日』には、審査請求書を書いた日付を記入してください」と伝えると分かりやすいでしょう。

2　審査請求の受付で注意すべきポイント

　既に解説したとおり、住民が審査請求をする際、まず必要となるのが審査請求書の提出です。審査請求書を提出する方法としては、主に「窓口での提出」と「郵送での提出」の2つの方法があります。それぞれの方法についてのポイントを以下に解説します。

(1)　窓口での提出

　窓口での提出は、審査請求人が担当部署の窓口を直接訪れて審査請求書を提出する方法です。

　窓口での提出では、審査請求人と直接対話できるため、審査請求書や必要書類を確認し、記載の不備や不足の書類があればその場で修正や追加を促すことが可能です。また、内容について不明な点があれば、即座に確認が取れる利点があります。

　ただし、提出された書類が審査請求書の形式であっても、その内容が特定の部署や担当者に対する不満や苦情である場合もあります。このような場合には、苦情受付窓口など、適切な部署に案内することが基本的な対応となります。

　しかし、本人がどうしても審査請求書として受け付けることを希望する場合、受付担当者としてはこれを断ることができません。とはいえ、この場合でも、審査請求の対象外である可能性を丁寧に説明し、審査請求人に内容を見直す機会を提供することが望ましいです。

　たとえば以下のように対応することが考えられます。

第3章　行政不服審査担当の業務　　89

〇行政処分を対象としない審査請求書の提出に関する対応例

審査請求人：「この審査請求書を提出したいんですけど。」

職員：「審査請求は行政処分を対象とするものですが、この審査請求書に記載された内容は〇〇部署の対応に対する不満や苦情を述べるものであり、審査請求の対象とならないと考えられます。そのため、このまま審査請求を進めても『却下』、いわゆる門前払いとなる可能性が高いです。それでも審査請求書を提出されるということであれば、受け付けることは可能ですが、いかがいたしましょうか。」

(2) 郵送での提出

　審査請求書は、郵送で提出することも可能です。この場合、送付に要した日数は、審査請求期間の計算に算入されません（法18条3項）。

　郵送による提出の場合でも、提出された審査請求書が特定の部署や担当者への不満や苦情を述べる内容であることがあります。このような場合、そのまま審査請求として受け付けた上で、審査庁で却下裁決（法24条2項）を行うことも1つの方法です。

　ただし、審査請求書に電話番号等の連絡先が記載されている場合は、本人に連絡を取り、提出の真意を確認する方がより丁寧な対応といえるでしょう。このような対応を行うことで、審査請求人を適切な手続に誘導し、不必要な却下裁決を避けることが期待できます。

(3) オンラインによる審査請求

　近年、行政手続のデジタル化が進み、審査請求もオンラインで行うことが可能となっています（情報通信技術を活用した行政の推進等に関する法律6条1項及び総務省関係法令に係る情報通信技術を活用した行政の推進等に関する法律施行規則4条1項）。

オンラインで審査請求を行うには、一般的に本人確認措置として電子署名及び電子証明書が必要です。ただし、これらを利用するためにはインターネット環境や対応機器（例：ICカードリーダー）が必要となり、さらに手続の複雑さから利用にハードルを感じる方も少なくありません。そのため、オンラインによる審査請求の利用は現時点では普及していないのが実情です。

　なお、オンラインによる審査請求がされた場合には、審査庁の電子計算機（サーバー等）に備えられたファイルに記録された時に審査請求がされたものとみなされます（同法6条3項）。

⑷　電子メールで審査請求をすることはできますか？

　審査請求人からの質問の中に「電子メールで審査請求はできますか？」というものがあります。

　オンラインによる審査請求では、一般的に本人確認措置として電子署名及び電子証明書が求められるため、電子メールでの審査請求を認めていない自治体がほとんどです。

　ただし、自治体が指定する方法で本人確認措置を講じた場合（総務省関係法令に係る情報通信技術を活用した行政の推進等に関する法律施行規則4条2項ただし書）、電子メールによる審査請求も可能です。

　たとえば、処分庁が処分通知書に審査請求用のランダムな整理番号（英数字）を記載し、審査請求人が電子メールで審査請求を行う際には、電子メールの本文に審査請求書の記載事項と整理番号を併せて記載するよう求める方法が考えられます。審査庁では、オンラインでの審査請求があった際に、処分庁に整理番号、氏名、住所等を照会して本人確認を行うのです。

　このような方法を本人確認措置として指定している自治体であれば、電子メールによる審査請求も受け付けられるため、審査請求の担当者としては、まず所属する自治体でどのような本人確認措置が指定されてい

第3章　行政不服審査担当の業務　　91

るかを確認しておくとよいでしょう。

3 審査庁での事前審査

(1) はじめに

　審査請求書を受け取った審査庁の職員は、まずその審査請求が適法であるか否かの審査を行います。この審査のことを「事前審査」といいます。

　明らかに不適法な審査請求について、審理員を指名し、審理手続に進んだ結果、最終的に「却下」となってしまうと、審査請求人にとっては、待たされた末に内容の審査をしてもらえず、不満だけが残ることとなってしまいます。

　このような事態を避けるためにも、審査庁の職員は、審理員を指名する前に審査請求の適法性を十分にチェックすることが求められます。

　以下の図は、事前審査における具体的な流れを図示したものです。

●図表3－4：事前審査の流れ

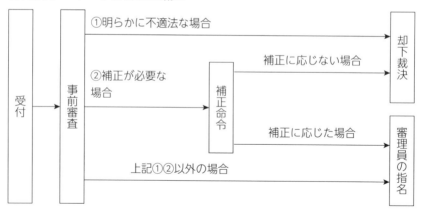

(2) 補正命令

審査庁の職員は、提出された審査請求書に必要書類が添付されているか、記載されるべき事項（法19条2項以下）が記載されているかをチェックし、不備がある場合には、審査請求人に補正を促します。これを補正命令といいます（法23条）。

ア 補正命令の対象

補正命令の対象は、主に以下の事項です。

① **審査請求書の記載事項の不備（法19条2項以下）**

② **代理人の委任状の不添付（法施行令4条2項）**

③ **法人の資格証明書の不添付（法施行令4条2項）**

もっとも①については、教示の内容や審査請求書の年月日等、これを特定しなくても審査請求の審理に影響を及ぼさない場合には、補正命令をする必要はありません。そのままでも審理ができるのであれば、補正命令で余計な時間を費やすよりも審査請求人の利益に資するからです。

イ 補正命令の方法

補正命令は書面で行いますが、「命令」というと少し言葉がきついので、題名を「審査請求書の補正について」とする等、表現を工夫した方がよいでしょう。

審査請求書の補正は、補正書（審査請求を補正する部分を記載した書面）で行うのが通常ですが、審査請求人が補正書を一から書くのは困難な場合が多いです。

そこで、補正命令の際に、職員の方で補正書のひな型を準備し、これを補正命令書に添付して審査請求人に送付するとよいでしょう。補正書のひな型には、審査請求人が簡単に回答できるように、質問事項を具体的に記載しましょう。

第3章　行政不服審査担当の業務　93

●資料２：補正書のひな型の例

補正書

令和○年○月○日

○○（審査庁）　殿

　私が令和○年○月○日付けでした審査請求（○○（審査請求の事件番号））について、下記のとおり補正します。

記

1　審査請求書に係る処分について

　（審査請求書の「審査請求に係る処分の内容」欄には「却下通知書」と書かれていますが、これは以下の処分で間違いないでしょうか。次の(1)又は(2)のいずれかを選択し、選択した方に ☑（チェックマーク）を付けてください。）

　　　□ (1)　審査請求に係る処分の内容は、「○○福祉事務所長が令和○年○月○日付けで行った生活保護申請却下処分」です。

　　　□ (2)　審査請求に係る処分の内容は以下のとおりです。

　2　・・・

ウ　補正の期間

　補正の期間は、「相当の期間」（法23条）とされていますが、これは事案や補正の対象数等によってまちまちです。それほど複雑な事案でな

く、「はい」か「いいえ」で簡単に回答できるものであれば、通常は2
週間程度で足りるでしょう。

エ　補正に応じない場合

　審査請求人が相当の期間内に補正に応じなかった場合、審査庁は審査
請求を却下することができます（法24条1項）。

　もっとも、審査請求人が補正に応じられない事情がある場合も想定し
得ることから、実務上は、再度補正命令をし、これでも応じない場合に
却下するという対応を取ることが多いです。

(3)　審査庁による却下裁決〜審理員を指名しなくても却下できる？〜

ア　はじめに

　審査請求人が補正命令に従わない場合や、審査請求が不適法であって
補正できないことが明らかな場合、審査庁は、審理手続を経ないで、裁
決で、審査請求を却下できます（法24条）。

　これらのうち、補正命令に従ったか否かについては、補正命令に対す
る審査請求人の対応や提出された書類から客観的に確認できるため、判
断に迷うことは少ないでしょう。

　一方で、「審査請求が不適法であり、補正することができないことが
明らかなとき」とは具体的にどのような場合を指すのかについては、以
下のとおり慎重な判断が求められます。

イ　「審査請求が不適法であって補正することができないことが明ら
　かなとき」の例

　この場合のポイントは、行審法24条2項が単に「不適法なとき」と
記載せず、「不適法であって補正することができないことが明らかなと
き」と記載している点です。つまり、審査請求が不適法であるというだ
けでは足りず、それが「明らか」であることが必要なのです。そのため、

第3章　行政不服審査担当の業務　　95

審査庁が同項に基づき却下裁決をする場合には、その要件該当性について慎重な判断が求められます。

「審査請求が不適法であって補正することができないことが明らかなとき」の例としては、以下のものが挙げられます。

---

① 処分に該当しないものについて審査請求をしたことが明らかな場合
② 不服申立人適格がないことが明らかな場合
③ 不服申立ての利益がないことが明らかな場合
④ 審査請求期間を徒過し、かつ正当な理由がないことが明らかな場合

　(ア)　処分に該当しないものについて審査請求をしたことが明らかな場合→処分性の問題

　そもそも行政処分に該当しない行政庁の行為については審査請求の対象となりません。

　したがって、たとえば、職員の対応や制度それ自体を不服とする審査請求は、処分を対象とするものではなく、不適法であることが明らかなため、審査庁限りで却下することが可能です。

　一方で、一見すると処分性の定義にただちに当てはまらないように見える行為であっても、制度の仕組みや状況に照らして処分に該当すると判断されるケースもあります。このように、処分の該当性について争いが生じ得る場合には、審査庁限りで却下を判断せず、その判断を審理員に委ねる方が適切でしょう。

　(イ)　不服申立人適格がないことが明らかな場合

　不服申立人適格を欠く審査請求は、不適法ですので却下となります。

　もっとも、審査庁限りで却下する場合には、不服申立人適格がないことが「明らか」でなければなりません。

不服申立人適格の有無は、処分の根拠法令の趣旨・目的や処分におい
て考慮されるべき利益の内容・性質を考慮しなければ判断できないの
で、基本的には、審理員が当事者の言い分を聞いた上で、判断すること
が望ましいといえます。

　　㈱　不服申立ての利益がないことが明らかな場合

　不服申立ての利益とは、審査請求人が当該審査請求の取消しにより得
られる法律上の利益のことをいいます。

　不服申立ての利益を欠く審査請求は不適法なものとして却下されます。

　ただし、取消裁決によって回復すべき法律上の利益があるか否かにつ
いては、処分の根拠法令やその仕組みに基づき、慎重に検討する必要が
あります。このため、審理員が当事者双方の意見を聞いた上で判断する
ことが望ましいでしょう。

　　㈲　審査請求期間を徒過し、かつ正当な理由がないことが明らかな
　　　　場合

　審査請求を適法にするためには審査請求期間を遵守していることが必
要です。

　既に解説したように、審査請求の担当者は、まず、審査請求期間を徒
過しているか否かを検討し、審査請求期間を徒過している場合には、次
に、「正当な理由」の有無についての審査をします。ポイントは、正当
な理由がないことが「明らか」でない限り、審理員にその判断を委ねる
必要があるということです。

　「正当な理由」の有無は、審査請求人の個別の事情を考慮しないと判
断がつかないことが多いので、審査庁で容易にこれがないと判断して却
下をすることは行審法24条2項の規定に違反するおそれがあります。

　審査請求書上に「正当な理由」の記載がない場合でも、審査請求人の
言い分を聞いてみると、「正当な理由」と認められる事情が判明するこ
とがあります。そのため、審査庁としては記載がないことを理由に安易
に却下裁決を行わず、審理員に判断を委ねることが適切でしょう。

第3章　行政不服審査担当の業務　　97

Column3	大量の審査請求への対応〜審理員に求められる調整力と効率化のための工夫〜

　数年に1回程度ではありますが、大量の審査請求が一度に発生することがあります。特に、評価替えの年における固定資産税の賦課処分や生活保護の基準改定に伴う生活保護費変更決定処分のような事例では、多数の住民が同時に審査請求を行う場合があり、その対応に追われることになります。

　大量の審査請求がある場合、その負担が重くのしかかるのは審理員です。特に大きな負担となるのは、口頭意見陳述の申立てが併せてなされるケースです。このような場合、審理員は審理関係人（審査請求人及び処分庁）との日程調整を行わなければならず、これが非常に煩雑で時間のかかる作業となります。

　口頭意見陳述は、審査請求人が直接自分の意見を述べる重要な機会であり、公正な審査を行うためには、審理員がこれを適切に取り扱うことが求められます。しかし、大量の審査請求と併せて口頭意見陳述の申立てがなされた場合、希望者全員の意向に沿って日程を調整するのは非常に困難です。

　審理員は、審査請求人だけでなく、処分庁のスケジュールも考慮しなければなりません。また、審理の公平性を確保するためには、審査請求人全員に口頭意見陳述の時間を公平に確保する必要があります。さらに、口頭意見陳述の会場となる会議室を確保しなければなりません。審査請求人の陳述内容を記録するための措置、たとえば速記者の確保などもしなければなりません。

　これらの様々な課題は複雑なパズルのように入り組んでおり、審理員には高度な調整力が要求されます。

　対策としては、専任の対応チームを編成し、リソースを集中的に投入することです。

　しかし、専任の対応チームを編成する余力のない自治体も少なくありません。その場合、庁内の他部署から一時的な応援を得ることや、業務の分担を工夫することで負担を軽減することが考えられます。たとえば、審理員補助者

として日程調整や事務処理を支援する職員を配置することで、審理員が本来の業務に集中できる環境を整えるのです。

　また、大量の審査請求がされる場合、審査請求人の中に中心的な役割を担っているキーパーソンがいるのが通常ですので、この人を窓口にして対応することも有効です。たとえば、特定の団体やグループから多数の審査請求が提出される場合、そのグループのキーパーソンを窓口として指名することにより、調整の相手方を一元化できます。この方法により、審理員はキーパーソンを通じて調整を行うことができ、日程調整や個別の対応にかかる手間を大幅に軽減することができます。キーパーソンが窓口になることで、各審査請求人の意向や意見を集約し、効率的に口頭意見陳述の手続を進めることができます。

Ⅱ 審理員による審理

　審査請求が提出されると、審査庁による事前審査を受けた後、具体的な審理手続に移行します。

　行審法では、審理の公平性と透明性を確保するため、行政処分に関与していない審理員が審理を担当する仕組みが採用されています。

　審理員は、個々の事件に関する審理手続において、審査庁からの指揮命令を受けることなく独立して行動します。具体的には、まず処分庁に弁明書を求め、それを審査請求人に送付します。その後、審査請求人から提出される反論書を受け取り、必要な場合には追加の調査を行い、審理手続を終結します。

　審理手続が終了すると、審理員はその結果を審理員意見書という書面にまとめます。この意見書は、審理員自身の名と責任で作成され、審査庁に提出されます。審理員意見書は、行政不服審査会が答申を行う際や、審査庁が裁決を行う際の重要な判断材料となります。

●図表3－5：事前審査から審理員による審理までの流れ

審査庁の業務	審理員の業務
審査請求の事前審査 → 審理員の指名	弁明書の提出要求 → 弁明書の送付 → 反論書の提出要求 → 反論書の送付 → 審理手続の終結 → 審理員意見書の作成

1 まずは、審理員候補者名簿をチェック

(1) 審理員候補者名簿とは

　審理員は、審査庁の職員から指名されます。たとえば、A市長による固定資産税の賦課処分の審査請求であれば、A市の市長部局の職員の中から審理員が指名されます。

　もっとも、審理員の指名が恣意的になるのを防ぐため、審査庁は、審理員候補者の名簿を作成するよう努め、名簿を作成した場合にはホームページ等で公開しなければなりません（法17条）。これを審理員候補者名簿といいます。

　このように、審理員による審理の事前準備として、審理員候補者名簿の作成と公表が求められていることに注意しましょう。

(2) 名簿の記載方法

　審理員候補者名簿には、職員の個人名を掲載する必要はなく、たとえば「○○課の○○の職にある職員」といった概括的な記載でも構いません。個人名を記載してしまうと、急な人事異動等に対応できなくなってしまうため、概括的な記載としておくのが無難です。

　一度、自分の自治体の審理員候補者名簿を確認しておくとよいでしょう。次ページでは厚木市の審理員候補者名簿の例を紹介します。

第3章　行政不服審査担当の業務　101

●資料3：厚木市の審理員候補者名簿

審理員候補者名簿について

　行政不服審査法（平成26年法律第68号）においては、審理手続の公正性・透明性を高めるため、審査請求に係る処分に関与した者以外の者の中から審査庁が指名する審理員が審査請求の審理を行うこととなりました。

　また、同法第17条では、審査庁となるべき行政庁は、審理員となるべき者の名簿を作成するよう努めるとともに、これを作成したときは、公にしておかなければならないこととされています。

　本市における審理員となるべき者の名簿は、次のとおりです。

審理員候補者名簿

番号	審理員候補者
1	行政総務課の主幹の職にある職員（特定任期付職員）
2	会計年度任用職員（弁護士）

（出典：厚木市ホームページ）

2　審理員はどうやって指名するの？

(1)　審理員の指名

ア　審理員

　審理員とは、審査請求の審理手続を主宰し、審理員意見書を作成する審査庁の職員をいいます。審査請求を受けた審査庁は、事前審査を経た後、審査庁の職員の中から審理員を指名し、審査請求の審理を行わせます（法9条1項本文）。

　審理員は審査庁の職員であり、除斥事由に該当しなければ誰でもなれますが、総務部門の管理職や監督職がなるケースが多いです。外部の弁護士に依頼する場合でも、職員でなければならないため、非常勤の職員

102

として登用する必要があります。

　イ　審理員の指名手続
　審査庁は、審理員候補者名簿に掲載されている職員のうち、除斥事由に該当せず、かつ、当該審査請求に対応するのに相応しい者を審理員に指名します。実務上は、審査請求事務を統括する管理職や監督職が、業務量や職員の専門性などを考慮して審理員を選定しています。
　審理員を指名したら、その旨を審査請求人と処分庁にそれぞれ通知します（法9条1項）。この通知により、審査請求の手続は、審査庁から審理員に移行します。
　なお行審法上は、この段階で審査請求書を処分庁に送付することは求めていませんが（審理員が送付することになっています（法29条1項）。）、処分庁としては審理員の指名通知書だけを受け取っても、事案の概要がつかめないため、実務上は指名通知書と一緒に審査請求書を送付する場合が多いです。

●図表3－6：審理員の指名手続

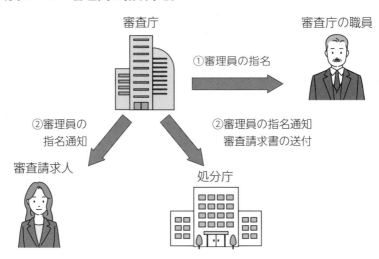

⑵　審理員の除斥事由

ア　はじめに

　審理手続の公正を図るため、以下の除斥事由に該当する職員は、審理員になることができません。

　間違って、除斥事由に該当する職員を審理員に指名しないように注意しましょう。

---

① 審査請求に係る処分等に関与し、又は関与することとなる者
【例】
　・処分等を行うために立入検査、事実認定等を行った者
　・処分等に係る聴聞を主宰した者（行手法19条）
　・処分等の決定書を起案した者
　・処分等の決定権者
　・処分等に係る稟議書に押印等した者
　・処分等に係る協議に参加した者・処分等の決定に関する相談等に応じ、当該処分等に対する意見や法令解釈を示した者
② 審査請求人
③ 審査請求人の配偶者、四親等内の親族又は同居の親族
④ 審査請求人の代理人
⑤ ③・④に掲げる者であった者
⑥ 審査請求人の後見人、後見監督人、保佐人、保佐監督人、補助人又は補助監督人
⑦ 行審法13条1項に規定する利害関係人

イ　法律相談業務と審理員業務を兼務させる場合

　自治体によっては、弁護士を任期付き公務員として任用し、自治体内の法律相談業務と審理員業務を兼務させているケースがあります。このケースでは、当該職員が特定の行政処分について相談を受けていた場合

には、その処分に関する審査請求で審理員を務めることは、除斥事由に該当するためできません。

　一方で、特定の処分ではなく、特定の法律について一般的な意見を述べたに過ぎない場合には、除斥事由に該当しないと解されています。ただし、このような場合でも、外部からみると、特定の処分に関する意見と一般的な意見との区別が難しい場合があります。そのため、相談内容を記録に残すなどして、除斥事由の該当性に疑義が生じないよう配慮することが重要です。

3　審理手続の流れはコレ

　審理員による審理手続の流れは以下のとおりです。

　まず審理員は、審査請求書と証拠書類等の内容を確認した上で、①処分庁に対し弁明書の提出を求めます。この弁明書は、審理における基礎的な資料として重要であり、適切な内容の記載が必要です。

　審理員は、②処分庁から弁明書を受け取った後、③これを審査請求人に送付し、弁明書に対する反論を書いた反論書の提出を求めます。

　こうして、弁明書と反論書で当事者の主張を対立させ、審査請求における論点や事実関係を明確にします。

　審理員は、④審査請求人から反論書の提出を受けた後、最終的に、これらの書面や証拠書類等を基に、審査請求の対象となる行政処分の違法性と不当性についての判断をし、⑤これを審理員意見書にまとめ、審査庁に提出します。

第3章　行政不服審査担当の業務　　105

●図表3-7：審理手続の流れ

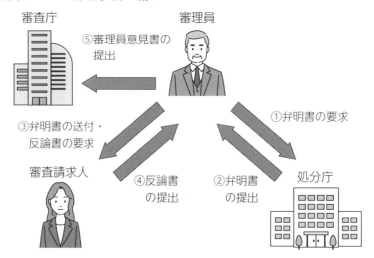

4 処分庁の言い分は弁明書で〜カギは弁明書の提出要求書にある〜

(1) 弁明書とは

弁明書とは、処分庁が処分の内容や理由等を記載した書面のことをいいます。

審理員は、公平な立場で審査請求人と処分庁の双方から提出された書面を精査し、それぞれの主張を踏まえて処分の違法性や不当性を審理することが求められます。

審査請求の手続において、審査請求人が提出する審査請求書に対し、処分庁が反論をまとめた書面が弁明書です。審理員の業務は、まず審査請求書の写しを処分庁に送付し（法29条1項）、弁明書の提出を求めることから始まります（同条2項）。この要求は通常、書面によって行われ、これを「弁明書提出要求書」といいます。

●図表3-8：弁明書の提出要求と弁明書の送付

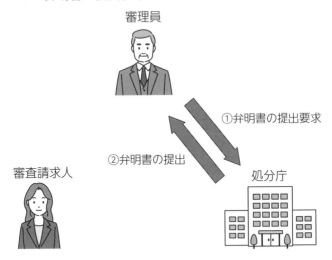

(2) 弁明書提出要求書のポイント

　審理員は、審査請求の対象となった処分に一切関与していないため、処分に至る事実関係や根拠法令に関する情報は、基本的に弁明書から得ることになります。したがって、迅速かつ適切な審理を行うためには、内容の充実した弁明書を作成してもらえるかが重要なポイントとなります。もっとも、審理員が単に「弁明書を作成してください」と処分庁に求めても、充実した弁明書が提出されるとは限りません。

　これは、処分庁の職員が必ずしも審査請求に関する知識や経験を十分に持っていないため、審理員がどのような情報を必要としているのかが十分に理解されていないことが原因です。

　そのため、審理員は、弁明書提出要求書において、弁明書に記載すべき事項を具体的に指示しておくとよいでしょう。事案が複雑な場合には、口頭で補足することも有効です。

⑶　弁明書の記載事項

　弁明書の記載事項について、行審法29条3項は「処分の内容及び理由」を求めていますが、充実した審理をするにはこれだけでは足りません。実務において一般的に載せられるべき事項については、次のとおりです。

---

①　弁明の趣旨
②　処分に至るまでの経緯
③　審査請求書に記載されている事実の認否
④　処分の内容
⑤　処分の理由

⑷　各記載項目の解説

ア　弁明の趣旨

　弁明の趣旨とは、処分庁が求める裁決の結論（主文）をいいます。

　たとえば、審査請求が不適法であり、却下裁決を求める場合には、「『本件審査請求を却下する。』との裁決を求める。」と記載します。

　また、処分が適法かつ妥当であり、棄却裁決を求める場合には、「『本件審査請求を棄却する。』との裁決を求める。」と記載します。

イ　処分に至るまでの経緯

　この項目には、処分の端緒から終了までの経緯を時系列順に記載します。たとえば、以下のように箇条書きにするとよいでしょう。

1　○年○月○日、審査請求人は、処分庁に対し、○○法に基づく○○申請を行った。
2　同月○日、処分庁は、上記申請書に○○の資料が添付されていなかったため、審査請求人に対して○○の資料の提出を求めた。

3 　同月〇日、処分庁は、審査請求人からの電話で、〇〇の資料は職員Ａに既に提出済みであり、再提出は不要であるとの回答を受けた。

4 　同月〇日、処分庁は、職員Ａに上記３の事実を確認したところ、審査請求人から〇〇の資料が提出されていないことが判明したため、再度、審査請求に対し〇〇の資料の提出を求めた。

5 　同年〇月〇日、処分庁は、審査請求人から〇〇の資料が提出されなかったことを理由に、上記１の申請を却下する旨の〇〇申請却下処分を行った。

ウ 審査請求書に記載されている事実の認否

この項目には、審査請求書における審査請求人の主張について個別具体的に認否をします。

審査請求人が主張する事実を認める場合には「認める。」、これを争う場合には「否認する。」、知らない場合には「不知。」などと記載します。

エ 処分の内容

この項目には、たとえば、「〇〇市長が令和〇年〇月〇日付けで行った〇〇処分」というように処分の具体的な内容を記載します。

オ 処分の理由

この項目は、弁明書の記載事項の中で最も重要な項目です。

行政処分は、行政庁が事実関係を認定した上で、その事実に法令を適用して行うものです。そのため、処分庁が認定した事実関係と、それに基づく法令の適用について、具体的かつ詳細に記載してもらう必要があります。

たとえば、児童相談所長（実際は、児童相談所の担当職員）が親による暴力を理由に児童を一時保護した場合、この処分に関して最も事実関

係をよく把握しているのは、処分庁である児童相談所長です。このため、どのような事実を前提として一時保護という処分を行ったのかを、詳細に説明することが求められます。この場合、具体的には暴力が発生した日時や場所、さらに暴力が行われた背景や事情についても記載が必要となります。

　また、当該処分がどのような法令を根拠として行われたのかも、処分庁から十分に説明してもらう必要があります。処分庁は当該法令を所管し、その解釈や運用に最も詳しい立場にあるためです。一時保護の例でいえば、根拠法令である児童福祉法33条1項について、その適用にあたり問題となる「必要があると認めるとき」という文言の解釈についても明確に説明してもらう必要があります。

　処分庁がこれらの説明を十分に行うことで、審査請求人は反論書の中で具体的な反論を展開できるようになり、その結果、争点が一層整理されます。争点が明確化されることで、審理員は当該処分の適法性や妥当性を適切に判断することができるようになります。

⑸　証拠書類等が大切
　行政不服審査の現場では、たまに弁明書だけが提出され、証拠書類等が全く提出されない処分庁を見かけることがあります。しかし、弁明書に記載されている内容は、あくまで処分庁の言い分に過ぎません。処分庁が主張する事実を認定するためには、その主張を裏付ける証拠書類等が不可欠です。

　一時保護の例でいえば、親が行った暴力の事実を証明するためには、写真や診断書などの客観的な証拠や職員が児童や関係者から聴取した記録といった証拠書類等が必要です。これらの証拠書類等がなければ、暴力の事実を認定することは困難であり、処分の適法性が揺らぐ可能性があります。

　そのため、審理員は、弁明書の提出を求める段階で、処分庁に対して

適切な証拠書類等の提出を求めるべきです。具体的には、弁明書の提出要求書に、処分の理由を裏付ける証拠書類等を併せて提出するよう記載することが考えられます。

(6) 証拠書類等は審査請求人に送付すべきか

　審理員は、処分庁から弁明書が提出された際には、これを審査請求人に送付します（法29条5項）。

　一方で、処分庁から提出された証拠書類等については、審査請求人に送付することを義務付ける規定はありません。

　そのため、処分庁から提出された証拠書類等は、審査請求人に送付しなくてもよいように思えるかもしれません。

　しかし、たとえば、一時保護に関する審査請求において、弁明書で処分の理由として親による暴力の事実が挙げられ、その証拠書類等として医師の診断書が提出された場合、医師の診断書から暴力の事実がどの程度推認できるかが事実認定の争点となります。このような場合には、医師の診断書を審査請求人に送付し、十分な反論の機会を与えることが充実した審理に寄与します。

　そこで、弁明書に引用されている証拠書類等については、弁明書と一体のものと解釈し、弁明書とともに審査請求人に送付することが適切です。この例においても、弁明書で医師の診断書が引用されている場合には、これを審査請求人に送付すべきです。

●図表3-9：弁明書と証拠書類等の送付の流れ

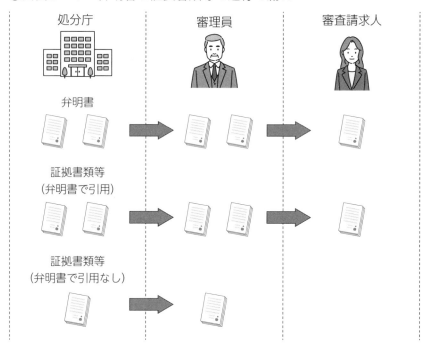

(7) 処分庁に説明と確認を！

　弁明書に引用されている証拠書類等を審査請求人に送付するという運用を採用した場合、処分庁が審理員に提出した証拠書類等は、次の2つに分類されます。

　① 審査請求人に送付してよいもの
　② 審理員限りで留めておくべきもの

　しかし、この運用を十分に理解していない処分庁がいることも考えられるため、審理員は弁明書提出要求書において、この運用について具体的に説明を加えておくべきです。具体的には、証拠書類等を①と②に明確に区別し、それぞれの取扱いを次のように明記します。

　① 審査請求人に送付してよいもの：2部を提出すること

② **審理員限りで留めておくべきもの：1部を提出すること**

　また、弁明書に証拠書類等が引用されているにもかかわらず、証拠書類等が審理員用の1部しか送付されていない場合や、逆に弁明書に証拠書類等が引用されていないのに、証拠書類等が審理員用と審査請求人用の2部送付されている場合には、その取扱いの意図を確認するために、処分庁に問合せをするとよいでしょう。

Column4　証拠書類等と個人情報

　審査請求の手続において、処分庁が証拠書類等の提出を躊躇する理由の1つに、個人情報の保護に関する法律（以下「個人情報保護法」といいます。）との関係が挙げられます。個人情報が含まれている場合、これを提出することによるリスクや責任を考慮して、提出を控えるケースが少なくありません。

　しかし、個人情報が含まれているからといって、証拠書類等の提出が全く許されないわけではありません。このような場合には、証拠書類等の該当部分をマスキング（黒塗り）して提出する方法が認められています。これにより、処分庁は証拠書類等を提出しながら、個人情報の保護を確保することができます。

　また、個人情報保護法69条2項2号においては、行政機関等が法令の定める所掌事務又は業務の遂行に必要な限度で保有個人情報を内部で利用し、その利用に相当の理由がある場合には、個人情報の提供が認められると規定されています。さらに、同項3号では、他の行政機関に対しても、同様に法令に基づく業務の遂行に必要な限度で個人情報を提供し、その利用について相当の理由がある場合には、個人情報の提供が認められています。

　これらの規定を踏まえると、審査請求の手続においても、相当な理由がある場合には、個人情報を含む証拠書類等を必要な範囲で提出することは許容されているといえます。

　審理員は、処分庁が証拠書類等の提出に消極的な場合、その理由を確認し、個人情報保護法に関連する懸念があると判明した場合には、上記のような措置を説明し、適切な範囲で証拠書類等を提出するよう働きかけるとよいでしょう。

5 弁明書に反論したい→反論書を提出してください

(1) 反論書とは

　反論書とは、弁明書に対する反論を記載した書面のことをいいます（法30条1項）。

　弁明書を審査請求人に送付すると、審査請求人はこれに対して反論したくなるでしょう。そのための書面が反論書です。

　反論書の様式に特段の決まりはありませんが、弁明書に準じた形式で提出されることが一般的です。

(2) 反論書が提出できる旨の通知

　反論書を提出できることについては、これを知らない審査請求人もいるため、審理員は弁明書を送付する際に、その旨を明確に書面で伝えておくべきです。

　また、審理員は反論書の提出期限を設定することができます（法30条1項）。この提出期限を適切に設定することは、審理手続を円滑に進める上で欠かせません。なぜなら、反論書の提出の有無が審理の終結手続（法41条）に直接関わるからです。

　たとえば、審理員が反論書の提出期限を設定せずに弁明書を審査請求人に送付した場合、その後しばらくしても反論書が提出されない状況で審理が必要な範囲で終了したと判断し、審理を終結させたとします。しかし、このような場合、審査請求人が提出期限が設定されていなかったためにいつでも提出できると考えていた可能性があります。その結果、突然の審理終結に対し納得できないと感じるかもしれません。

　このような事態を避けるためにも、審理員は反論書の提出期限を明確に設定し、書面で通知することが望ましいです。これにより、反論書が提出期限内に提出されなかった場合でも、行審法41条2項1号ロに基づき審理手続を終結することができます。

第3章　行政不服審査担当の業務　115

●図表3－10：弁明書の送付と反論書の提出

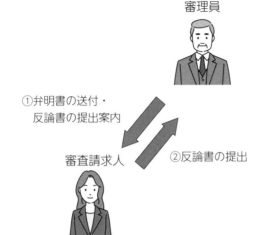

6　審理はいつまで続くのか？～再弁明書の提出～

(1)　再弁明書とは

　再弁明書とは、反論書に対する処分庁の反論を記載した書面をいいます。

　反論書が提出されると、審理員はこれを処分庁に送付し、処分庁に再弁明書を提出する機会を与えます。再弁明書については、行審法上で明確な規定はありませんが、反論書に対して処分庁が反論を行う必要が生じる場合もあるため、実務上は提出が許容されています。

　ただし、再弁明書が提出された場合には、公平性を確保するために、審査請求人にも再反論書を提出する機会を与えなければなりません。

　さらに、複雑な事案では、再反論書に対して処分庁が再々弁明書を提出することもあり、こうした応酬が続くケースもあります。

●図表3−11:再弁明書の提出と再反論書の提出

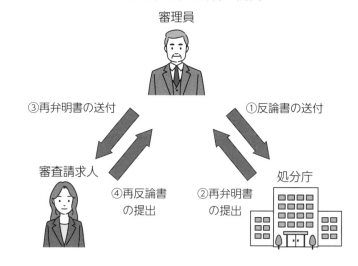

(2) 再弁明書の提出を許容するか否かの判断基準

　行審法の目的は、簡易かつ迅速な手続によって国民の権利救済を図ることにあります（法1条1項）。そのため、再弁明書の提出を安易に認めてしまうと、審査がいたずらに長期化し、行審法の目的が阻害される可能性があります。そこで、審理員としては、再弁明書の提出に関する判断基準を明確にしておくことが望ましいです。

　たとえば、審査請求書には記載されていなかった新たな主張が反論書で追加され、それに対して処分庁が反論を行わなければ、処分の違法性や不当性について適切な判断ができなくなる場合には、再弁明書の提出を許容すべきでしょう。また、反論書の中で重要な証拠書類等が提出され、その評価について処分庁の意見を聞く必要がある場合も、再弁明書の提出を認めるべき状況の1つです。

　一方で、処分の適法性や妥当性に関する主張は、通常、弁明書で十分に尽くされている場合が多いです。そのため、反論書の内容が審査請求書の繰り返しに過ぎず、新たな事実関係や証拠書類等が提出されていな

い場合には、処分庁に再弁明書の提出を求めず、審理を終結させても差し支えないでしょう。

7　書面じゃ書けないこともある＝口頭意見陳述

(1)　口頭意見陳述とは

　口頭意見陳述とは、審査請求手続において、審査請求人が書面だけでは伝えきれない自身の意見を、審理員に直接口頭で説明する機会を提供する制度です（法31条）。

　審査請求は書面主義を採用しており、審査請求書や反論書などの書面を通じて主張を行うのが基本です。しかし、書面では十分に伝えられない場合もあるため、それを補う手段として、審査請求人が直接意見を述べることができる口頭意見陳述が用意されています。

(2)　口頭意見陳述の手続

ア　口頭意見陳述の申立て

　口頭意見陳述を実施するには、申立てが必要です（法31条1項）。申立ては、通常、記録として残るように書面で行います。また、審査請求書に「口頭意見陳述を申し立てます」と記載することで、申立てが行われたものと扱われます。

　口頭意見陳述の申立てがあった場合、「意見を述べる機会を与えることが困難であると認められる場合」を除き、口頭意見陳述を実施する必要があります（法31条1項）。「意見を述べる機会を与えることが困難であると認められる場合」とは、たとえば審査請求人が矯正施設に収容されている場合など、特定の状況に限られます。したがって、実務上は申立てがあった場合には、基本的に実施するものと考えておくべきです。

イ　口頭意見陳述の準備

　口頭意見陳述の申立てがあった場合、審理員は、まず口頭意見陳述のための具体的な日程調整に入ります。

　口頭意見陳述には処分庁の職員も参加することから（法31条2項）、日程は、審査請求人の希望だけでなく、処分庁の希望も考慮して決定します。日程が確定したら、審査請求人をはじめ、処分庁にも事前に通知文を送付します。通知文には、口頭意見陳述の日時や実施場所等を記載します。

　口頭意見陳述の時間については特段の規定はありませんが、書面主義を補完する役割を果たす場であることを踏まえ、30分から長くても1時間程度が適切でしょう。

　実施場所は通常、会議室を使用します。また、陳述内容を記録するための録音機材などの準備も忘れずに行いましょう。

　会場の配席については特に定めはありませんが、口頭意見陳述の趣旨が書面で表現しきれない内容を補い、審査請求人の意見を審理員がよく聞くことにあるため、審査請求人が審理員と対面する形が望ましいです。

●図表3－12：口頭意見陳述会場の配席例

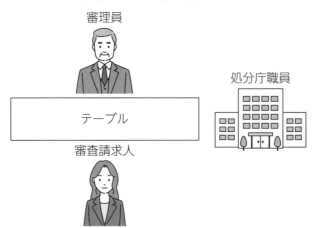

ウ　口頭意見陳述の当日の対応

　口頭意見陳述の実施にあたっては、まず、審理員が口頭意見陳述の趣旨と注意事項の説明を行い、その後、審査請求人が意見陳述を行います。以下に、審理員が実際に説明を行う際の例を示します。

　○口頭意見陳述における注意事項の説明例

　　本日はお忙しい中、お越しいただきありがとうございます。これより、審査請求人である○○様による○○処分に関する審査請求の口頭意見陳述を開始いたします。まず、いくつかの注意事項をお伝えしますので、ご理解いただけますようお願いいたします。

　　この口頭意見陳述は、○○様が書面では十分に伝えきれなかったご意見を直接伺い、公正な審査に役立てるための場です。発言内容については、どうぞご自由にお話しいただいて構いませんが、できるだけ要点を押さえ、簡潔にしていただけると幸いです。

　　本日は、口頭意見陳述の時間を全体で30分程度と予定しておりますので、要点を絞ってお話しいただけると助かります。お話しいただいた内容は後の確認のため記録させていただきますが、この記録は公正な審査のために必要なものであり、厳重に管理いたしますので、どうぞご安心ください。

　　また、口頭意見陳述中に処分庁の職員に対して質問をされたい場合は、その都度、私に許可を求めていただき、許可が下りてから質問を行うようお願いいたします。

　　それでは、○○様のご意見をお伺いしたいと思います。どうぞよろしくお願いいたします。

　審査請求人は、処分庁の職員に対して審査請求事件について質問することができますが、質問の前に必ず審理員の許可を得る必要があります（法31条5項）。口頭意見陳述が円滑に進むよう、許可を得ずに発言し

ようとした場合には必ずこれを制し、許可を得てから発言するよう注意をしましょう。

　また、審査請求人の質問が審査請求事件とは関係がない事項に及んだ場合には、事件との関係性について説明を求めるなどして、事件に関係する事項に限って発言するよう促しましょう。それでも無関係な発言を繰り返す場合には、発言を制限する対応を取る必要があります（法31条4項）。

エ　口頭意見陳述の終了

　口頭意見陳述の予定時間が近づいた段階で、「そろそろ時間となりますので、発言をまとめていただけますでしょうか。」といった声かけを行い、終了時間が近づいていることを審査請求人に意識してもらいます。

　予定時刻が到来し、口頭意見陳述が終了した際には、審理員が「口頭意見陳述を終了いたします。」と終了の旨を伝え、口頭意見陳述を締めくくります。

(3)　口頭意見陳述の注意事項

ア　公開での口頭意見陳述

　生活保護に関する処分や都市計画道路の事業認可、固定資産税の賦課処分など、特定の分野について、審査請求人が集団で審査請求を行う場合があります。このような場合、審査請求人が、当該事案を社会に広く知らせるために、口頭意見陳述の公開を求めてくることがあります。

　しかし、口頭意見陳述については公開で行うことを定めた規定はなく、また、口頭意見陳述には審査請求人の個人情報などが含まれるため、非公開で行うことが望ましいとされています。

　したがって、公開を求められた際には、口頭意見陳述の趣旨や非公開で行う理由について丁寧に説明し、審査請求人に理解を求めます。

第3章　行政不服審査担当の業務　　121

イ　オンラインでの口頭意見陳述

　オンライン会議の普及により、口頭意見陳述においてもオンラインでの実施を求められる機会が多くなってきています。

　審理員は、遠隔の地に居住する審理関係人があるとき、その他相当と認めるときは、オンライン会議の方法によって、審理を行うことができます（法施行令8条）。この場合、審理員は審査請求人や処分庁の意見を聴いた上で、オンライン会議の場所（自宅や個室等）を指定することになります（法施行規則1条）。

　オンライン会議による口頭意見陳述は、これらの手続を経れば実施可能ですが、実施前にオンライン会議の場所が事前に指定された場所であることや第三者がいないことを確認することが重要です。たとえば、口頭意見陳述を開始する前に、審理員が「どこから参加していますか？」、「周りに人はいませんか？」といった確認を行うことが考えられます。

ウ　審査請求人が口頭意見陳述に出席しなかった場合の対応

　せっかく口頭意見陳述の開催通知を送付したのに、審査請求人が当日、会場に現れないことがあります。このような場合、どう対応すればよいのでしょうか。

　口頭意見陳述は、審査請求人に審査請求書や反論書では伝えきれない内容を口頭で補足する機会を与えることを目的としています。

　したがって、審理員としては、審査請求人に口頭意見陳述の機会を与えた以上、審査請求人がこの機会を放棄したとみなし、改めて口頭意見陳述を実施する必要はありません。

　ただし、審査請求人が病気や事故などのやむを得ない事情で欠席した場合も考えられます。そのため、審理員としては、審査請求人に連絡を取り、欠席の理由を確認し、やむを得ない事情で欠席した場合には、改めて口頭意見陳述の機会を設定することも検討すべきです。

8 審理員の持っている書類をコピーしたいと言われたら

(1) 概　要

　処分庁は、弁明書において処分の適法性や妥当性を主張しますが、その記載内容は処分庁の言い分に過ぎません。そこで、処分庁は自らの主張を裏付ける証拠書類等を審理員に提出します（法32条）。この証拠書類等（以下「提出書類」といいます。）が弁明書と一体となって審査請求人にも送付されていれば問題ありません。しかし、送付されていない場合、審査請求人は提出書類のコピーを入手し、十分に検討した上で反論書を提出したいと考えるでしょう。

　このような状況に対応するため、行審法では提出書類の写しの交付制度（法38条）を設けており、審査請求人が必要な提出書類のコピーを入手できる仕組みを採用しています。これにより、審査請求人は自身の主張を補強し、公平な審理を受ける機会が保障されます。

　なお、行審法38条では提出書類のコピーの交付だけでなく閲覧も認めていますが、実務上、閲覧だけで対応するケースはほとんどないため、以下ではコピーの交付に限って解説します。

(2) 手　続

　提出書類のコピーの交付は以下のような手続の流れで行われます。

第3章　行政不服審査担当の業務　123

●図表 3 - 13：コピーの交付請求の手続の流れ

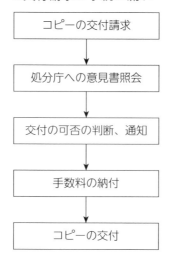

ア　コピーの交付請求

　審査請求人は、まず審理員に対し、自分がコピーの交付を受けたい提出書類の交付請求を行います（法38条1項）。

　この請求は実務上、書面で行われます。

　なお、審査請求人が交付請求できるのは、あくまで処分庁が提出した証拠書類等に限られます（同条1項）。したがって、処分庁が未だ提出していない証拠書類等や審理員が職権で収集した資料などは含まれません。また、口頭意見陳述の議事録も対象外です。口頭意見陳述の議事録を入手したい場合は、個人情報保護法に基づく開示請求（同法76条）の手続を採ることになります。

イ　処分庁への意見照会

　処分庁が提出した証拠書類等の中には、第三者の個人情報が含まれている場合があり、その内容が審査請求人に知られることで、今後の事務事業に支障が生じる場合があります。このような事態を想定し、行審法

は、審査請求人からコピーの交付請求があっても「正当な理由」がある場合には交付を拒否できる旨規定しています（法38条１項後段）。

また、行審法は、審理員が交付の可否を決定する際に、原則として処分庁の意見を聴取することを求めています（同条２項）。そのため、審査請求人からコピーの交付請求を受けた審理員は、交付の可否について処分庁の意見を聴取することになります。この意見聴取は、実務上、書面で行うのが一般的です。

ウ　交付の可否の判断、通知

㈎　交付の可否の判断

審理員は、処分庁からの意見聴取の結果を踏まえ、コピーの交付の可否、すなわち請求を拒否する「正当な理由」があるか否かを判断します。この「正当な理由」には、第三者の個人情報が含まれている場合だけでなく、コピーの交付によって処分庁の適正な事務遂行に支障を及ぼすおそれがある情報など、個人情報保護法に規定されている不開示情報（同法78条）が含まれます。また、対象資料が膨大で、交付によって事務負担が過大となる場合も「正当な理由」に該当します。

さらに、交付請求の対象となる提出書類の一部に上記情報が含まれている場合には、当該部分をマスキング処理して交付することが法の趣旨に沿う対応となります。しかし、このマスキング処理が膨大な事務負担を伴う場合には、コピーの交付請求自体を拒否することも適法と解されています。

㈏　交付決定の通知

審理員は、コピーの交付請求の可否を判断したら、その旨を審査請求人に通知します。その際、交付の方法及び手数料の納付方法について併せて通知します。

エ　手数料の納付

　提出書類のコピーには費用がかかるため、コピーの交付を請求する場合には、所定の手数料を納付する必要があり（法38条6項、4項）、手数料を納付しない場合には提出書類のコピーを受け取ることはできません。手数料の金額は、各自治体が定めた条例に基づいて決められています。

　以下に、つくば市行政不服審査法関係手数料条例を掲載します。

●資料4：つくば市行政不服審査法関係手数料条例

○つくば市行政不服審査法関係手数料条例（抄）

（手数料の額）

第2条　法第38条第6項の規定により読み替えて適用し、又は法律において読み替えて準用する同条第4項の規定により納付しなければならない手数料(以下「手数料」という。)の額は、別表に定めるとおりとする。

別表（第2条関係）

区分	金額
白黒で複写し、又は出力したものの交付	用紙1枚につき10円
カラーで複写し、又は出力したものの交付	用紙1枚につき50円

　備考　用紙の両面に複写し、又は出力する場合は、片面を1枚として算定する。

オ　コピーの交付

　審理員は、手数料が納付されていることを確認のうえ、提出書類のコピーを審査請求人に交付します。

9　審理手続はこれで終わり〜審理手続の終結〜

　審理員は、必要な審理を終えたときは、審理手続を終結します（法41条1項、2項）。通常は、反論書が提出された段階で審理手続を終結させることが多いです。

　審理手続が終結すると、審理関係人（審査請求人及び処分庁）は、主張書面（反論書や弁明書）及び証拠書類等を提出することができなくなります。このように、審理手続の終結は審理関係人に手続上の制約を課すため、審理員が審理手続を終結した場合には、その旨を審理関係人に通知する必要があります（法41条3項）。

　審理手続が終結した後は、審理員意見書の作成及び提出の段階に移行します。審理員意見書の提出時期は審理関係人にとって重大な関心事であるため、審理員はその予定時期を審理関係人に通知しなければなりません（同項）。

●図表3−14：審理手続の終結

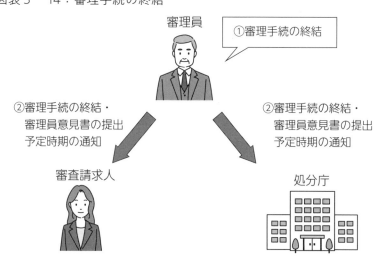

10 審理手続の集大成！審理員意見書を作成しよう

(1) 審理員意見書の作成

　審理手続が終結すると、審理員は、判断資料がすべて揃った状態となり、いよいよ集大成ともいえる審理員意見書を作成します（法42条1項）。

　審理員意見書は、あくまで審査庁の一職員である審理員の意見を示すものであり、行政としての最終判断を示すものではありません。そのため、形式や様式に関する規定はなく、文書の真正が担保されていれば署名や押印も不要です。

　行審法には、審理員意見書の記載項目について明確な規定はありません。しかし、審理員意見書は、審査請求の対象となる処分の違法性及び不当性について審理員の判断を記載する書面であり、この点において裁決書と本質的な違いはありません。したがって、審理員意見書についても、裁決書の記載項目（法50条1項）と同様に、以下の事項を記載することが望ましいといえます。

---

　① 　主文
　② 　事案の概要
　③ 　審理関係人の主張の要旨
　④ 　理由

　なお、審理員意見書の論述方法については、基本的な点において裁決書と共通しています。公平で適切な意見書を作成するためには、審理員が自らの良心と信念に従うことが求められます。詳細については、後記Ⅳの「裁決」を参照してください。

(2) 審理員意見書の提出

　審理員意見書を作成した審理員は、速やかに審理員意見書と事件記録

を審査庁に提出します（法42条2項）。

事件記録とは、具体的には以下の書類をいいます。

・審査請求書
・弁明書
・審査請求録取書
・行審法29条4項各号に掲げる書面
・反論書
・意見書
・口頭意見陳述等の記録
・証拠書類

審理員意見書と事件記録が審査庁に提出されると、行政不服審査会による審議の段階に移行します。

●図表3－15：審理員意見書等の提出

(3) **審理員意見書の送付時期に関する注意点**

審理員意見書を審査請求人に送付する時期については注意が必要です。審査請求人としては、審理手続の終結通知で審理員意見書の提出予定時期を知らされている以上（法41条3項）、その頃には自分にも審理員意見書が送付されると考える場合があります。

しかし、行審法では、以下のように定められています。

> ① 行政不服審査会への諮問を要する案件では、諮問通知と一緒に審理員意見書を送付する（法43条3項）。
> ② 諮問を要しない案件では、裁決書に審理員意見書を添付して送付する（法50条2項）。

　つまり、審査庁への審理員意見書の提出時点で、審査請求人に意見書を送付することは規定されていません。

　このため、審査請求人から「審理員意見書の提出予定時期が過ぎたのに届かない」という問合せを受けることがあります。このような誤解を防ぐため、審理手続の終結通知に以下の内容を記載しておきましょう。

> 1　審理員意見書の提出予定時期は、審査庁への提出時期を指し、審査請求人への送付時期ではありません。
> 2　行政不服審査会への諮問を要する案件については、諮問通知と一緒に送付します。
> 3　諮問を要しない案件については、裁決書に添付して送付します。

　これにより、審査請求人が誤解するリスクを減らすことができます。

11　審理員は必ず指名しなければならないの？

　審査請求を受けた審査庁は、原則として審理員を指名することが求められます（法9条1項本文）。しかし、必ずしも審理員を指名しなければならないわけではありません。

　行審法には、以下のように、いくつかの例外規定が設けられており（法9条1項ただし書）、これらを正確に理解しておくことが重要です。

【審理員の指名を要しない場合】
① 審査庁が合議制の機関である場合
② 条例に基づく処分について条例に特別の定めがある場合
③ 行審法24条により審査請求を却下する場合

　特に重要な例外が、②の条例に基づく処分について条例に特別の定めがある場合です。この例外は、具体的には情報公開条例に基づく処分に対する審査請求を想定しています。

　たとえば、情報公開条例に基づく処分に対しては、情報公開審査会での審査を必要とする自治体が多く存在します。この場合、情報公開審査会による審査を経ることで公正な手続が十分に担保されるため、これに重ねて審理員による審理手続を経る必要はないと考えられます。そのため、審理員の指名を除外する旨を定めている自治体が多いです。以下に、具体例として練馬区情報公開条例を紹介します。

〇練馬区情報公開条例
　（審理員による審理手続に関する規定の適用除外）
第17条の2　この条例の規定による公開決定等または公開請求に係る不作為についての審査請求は、行政不服審査法（平成26年法律第68号）第9条第1項本文の規定は、適用しない。

　なお、審理員が指名されない審査請求については、審査庁が審理を主宰します。

　たとえば、情報公開条例に基づく非開示決定処分の審査請求の場合では、審理手続の終結通知等は審査庁の名義で発出されます。また、口頭意見陳述も審査庁の職員が主宰することになります。

第3章　行政不服審査担当の業務　131

12 審理員補助者って何？

　審理員は、審査請求手続を統括する要となる存在であり、通常は管理職や監督職など、責任ある立場の職員が任命されます。しかし、審理員が1人で審理関係人への書類発送や文献調査などのすべてを担うのは非常に負担が大きいのが実情です。

　そのため、実務では審査庁の職員が審理員の業務を補助する体制が取られている場合があり、この補助者を「審理員補助者」と呼びます。審理員補助者に関して、行審法上に特別な規定はありませんが、行審法はこれを排除するものではないと解釈されています。

　ただし、審理員補助者が実質的に審理員の業務を代行することは認められません。たとえば、審理手続の進行管理や審理員意見書の作成といった業務は、審理員が自らの責任で判断し、遂行すべきものであり、これらを補助者に委ねることはできません。

　行政不服審査に携わる職員は、まず1～2年程度、審理員補助者として審理員を補佐しながら経験を積むことで、将来的に審理員として活躍することが期待されます。以下に、審理員補助者の業務例を挙げます。

【審理員補助者の業務例】

(1)　認められる業務
- ・審査請求人や処分庁への通知文の発送
- ・文献や法令調査
- ・口頭意見陳述等の日程調整

(2)　認められない業務
- ・審理手続終結の判断
- ・審理員意見書の作成

Column5　審理員業務と弁護士

　審理員は、行政不服審査において、処分庁から独立した公正な立場で審査請求を審理し、適切な判断を行うことが求められる重要な役割を担っています。近年、自治体では弁護士を審理員として任用するケースが増えており、その背景には、自治体における審理員人材の確保が難しくなっている現状があります。

　審理員は、審査請求の対象となる事実関係を正確に把握し、法的観点から処分の違法性や不当性を審理することが求められます。しかし、自治体職員だけでは、こうした高度な法的知識や事実認定能力を担うことが困難となっており、特に近年ではその傾向が強まっています。弁護士は法律の専門家として高度な法解釈能力や事実認定能力を有し、様々な法分野に精通していることから、こうした課題を解決する適任者として期待されています。そのため、自治体で弁護士を審理員として任用する動きが進んでいるのです。

　一方、弁護士を審理員に任用することにはいくつかの課題も存在します。まず、弁護士の確保とコストの問題です。法曹資格を有する職員は限られているため、外部の弁護士を任用する際にはコストが大きな障壁となります。審理員は審査庁の職員でなければならないため、業務委託契約などで弁護士に審理員業務を委託することはできず、自治体としても慎重な対応が求められます。特に地方の小規模な自治体では、予算の制約や人材確保の難しさから、弁護士の任用は困難な状況です。

　また、弁護士は法律の専門家である一方、行政実務には必ずしも精通していないこともあります。そのため、行政特有の実務や判断基準に基づいて審理を行う際には、行政内部との調整が必要となることも少なくありません。法律解釈を重視するあまり、行政実務との調和を欠く判断が行われないよう、法律解釈と行政実務のバランスを取ることが重要です。この点については、弁護士が審理員として自治体職員と協力しながら経験を積むことが求められます。

　今後、弁護士を審理員として任用する動きを進めるには、自治体と弁護士間

第3章　行政不服審査担当の業務　133

の連携を強化し、弁護士が行政実務に精通するための人材交流を充実させることが必要です。また、自治体における人材確保の体制整備や、弁護士任用に対する十分な予算措置を講じることも求められます。

Ⅲ　行政不服審査会による審議

1　行政不服審査会とは？

(1)　趣旨・目的

　行政不服審査会は、審査庁からの諮問を受けて、審査請求について第三者の立場から答申を行う行政機関です。

　行審法は、審理員制度を採用しているので、改正前の時代に比べれば審理の公正性・透明性は担保されています。

　もっとも、審理員は、あくまで審査庁の職員の中から指名されるので、審査請求人から見たら、「行政側」として認識され、審査の公正性に疑問を持つ人もいるかもしれません。

　そこで、行審法では、審理員の判断の後に、自治体の長から独立した第三者機関である行政不服審査会が、もう1度、審理員が行った審理手続の適正性や審査庁の判断を審議する仕組みを採用し、審査の客観性・公正性をより高めているのです。

●図表3－16：行政不服審査会

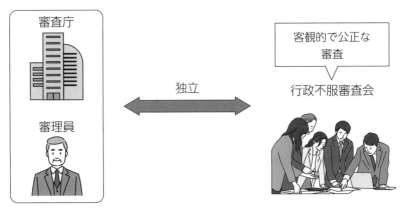

⑵ 組織体制

　行政不服審査会の組織体制は、条例（以下「行政不服審査会条例」といいます。）で定めることになっています（法81条4項）。

　通常は、①行政不服審査会の設置と運営（審査会の組織や委員の構成、任期、役割など）、②審査会の会議運営と手続の非公開、③審査会の会議の開催方法や議決手続、④守秘義務と罰則等について規定しています。

　ぜひ自分の勤務する自治体の行政不服審査会条例を確認しておきましょう。

　以下に、登米市の行政不服審査会条例を紹介します。

●資料5：登米市行政不服審査会条例

○登米市行政不服審査条例
（設置）
第1条　行政不服審査法（平成26年法律第68号。以下「法」という。）第81条第1項の規定に基づき、登米市行政不服審査会（以下「審査会」という。）を置く。
（所掌事務）
第2条　審査会は、審査請求に係る諮問に対する答申、調査審議その他法の規定によりその権限に属させられた事項を処理する。
（組織）
第3条　審査会は、委員5人以内をもって組織する。
（委員）
第4条　委員は、審査会の権限に属する事項に関し公正な判断をすることができ、かつ、法律若しくは条例又は行政に関して優れた識見を有する者のうちから、市長が任命する。
2　委員の任期は、3年とする。ただし、委員が欠けた場合における補欠の委員の任期は、前任者の残任期間とする。

3　委員は、再任されることができる。

4　委員の任期が満了したときは、当該委員は、後任者が任命されるまで引き続きその職務を行うものとする。

5　市長は、委員が心身の故障のために職務ができないと認める場合又は委員に職務上の義務違反その他委員たるに適しない非行があると認める場合には、その委員を解任することができる。

（委員の守秘義務）

第5条　委員は、職務上知ることができた秘密を漏らしてはならない。その職を退いた後も、同様とする。

（会長）

第6条　審査会に、会長を置き、委員の互選により選任する。

2　会長は、会務を総理し、審査会を代表する。

3　会長に事故があるとき、又は会長が欠けたときは、委員のうちから会長があらかじめ指名する委員がその職務を代理する。

（会議）

第7条　審査会の会議は、会長が招集し、会長がその議長となる。

2　審査会の会議は、会長及び半数以上の委員が出席しなければ開くことができない。

3　審査会の議事は、出席した委員の過半数をもって決し、可否同数のときは、会長の決するところによる。

4　審査会の会議は、非公開とする。

（庶務）

第8条　審査会の庶務は、総務部において処理する。

（委任）

第9条　この条例に定めるもののほか、審査会の運営その他必要な事項は、会長が審査会に諮って定める。

（罰則）

第10条　第5条の規定に違反して秘密を漏らした者は、1年以下

の懲役又は50万円以下の罰金に処する。

(3) 委員

　行政不服審査会の委員の資格は、行政不服審査会条例で定められます。実務では、国の行政不服審査会を参考に、「審査会の権限に属する事項に関し公正な判断をすることができ、かつ、法律又は行政に関して優れた識見を有する者」（法69条1項参照）と規定する自治体が多いです。

　委員の人数は、自治体の規模によって様々ですが、公平かつ充実した審理をするため3人以上としている自治体が多いです。

　実際の行政不服審査会は、大学教授、弁護士、そして行政関係の実務経験者など、多様なバックグラウンドを持つ専門家によって構成されており、各専門分野からそれぞれ1名〜2名ずつが選出されている場合が多いです。

　以下は、稲沢市における行政不服審査会の委員構成です。

●資料6：稲沢市行政不服審査会委員名簿

役　　職	氏　　名	職業・役職
会　　長	A	名古屋経済大学法学部教授
職務代理者	B	弁護士
委　　員	C	一般社団法人稲沢市医師会事務局長
委　　員	D	連合愛知尾張南地域協議会 稲沢地区連絡会
委　　員	E	弁護士

（出典：稲沢市ホームページ）

(4) 事務局

　行政不服審査会は、後述するように、審査庁から審査請求についての

諮問を受け、調査審議をした上で、審査庁に答申を提出します。

しかし、これらの業務を行政不服審査会の委員だけで行うことは実際上不可能に近いです。

そこで、多くの自治体では、行政不服審査会に事務局を置き、審査庁の職員を当てることで、上記業務の補助を行わせています。

事務局の主な役割は以下のとおりです。

① 審査会審議の準備と調整

行政不服審査会の審議準備や調整を行います。具体的には、審議の日程調整、会議室の設営、必要資料の作成・配布、議事録の作成・保存など、審議を円滑に進行させるための支援を行います。また、諮問の受付、事件記録や関連資料の整理・保管、委員への資料の送付や審査請求人からの書面提出の収受等も行います。

② 法令や実務的取扱いに関する調査

行政不服審査会が適切な審議ができるよう、処分の根拠法令や実務上の取扱い等に関する情報を調査・収集します。

③ 答申案の作成

行政不服審査会で審議された事項に基づいて答申案を作成します。答申書自体は、行政不服審査会が作成するのは当然のことですが、答申書を一から委員が作成するのは現実的ではありません。そこで、実務上は、事務局の職員が行政不服審査会での審議を踏まえて、答申案を作成している場合が多いです。

2 行政不服審査会への諮問手続〜職員がやるべきことは〜

(1) 諮問の要否の判断

審査庁は、審理員意見書の提出を受けたときは、除外事由に該当する場合を除き、当該審査請求について行政不服審査会に諮問しなければなりません（法43条1項）。

除外事由は以下のとおりです。

---

① 審査請求に係る処分をしようとするときに他の法律等に審議会等の議を経るべき旨又は経ることができる旨の定めがあり、かつ、当該議を経て当該処分がされた場合

② 裁決をしようとするときに他の法律等に審議会等の議を経るべき旨又は経ることができる旨の定めがあり、かつ、当該議を経て裁決をしようとする場合

③ 行審法46条3項又は49条4項の規定により審議会等の議を経て裁決をしようとする場合

④ 審査請求人から、行政不服審査会への諮問を希望しない旨の申出がされている場合

⑤ 審査請求が、行政不服審査会によって、国民の権利利益及び行政の運営に対する影響の程度その他当該事件の性質を勘案して、諮問を要しないものと認められたものである場合

⑥ 審査請求が不適法であり、却下する場合

⑦ 審査請求に係る処分の全部を取り消す等審査請求を全部認容する場合

⑧ 行審法46条2項各号又は49条3項各号に定める措置をとることとする場合

審査庁の職員としては、まず、審理員意見書の提出を受けた案件が、上記除外事由に該当するか否かを判断し、除外事由に該当する場合には裁決の手続を採ります。他方、除外事由に該当しない場合には行政不服審査会への諮問の手続を採ります。

●図表3－17：諮問の要否の判断

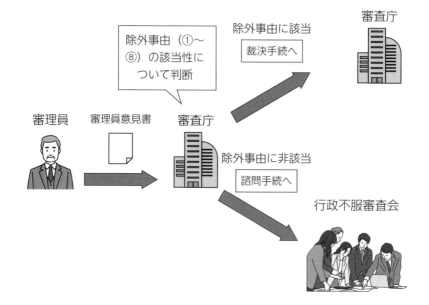

(2) 諮問の手続

　審査庁は、審理員意見書を受け取った案件が除外事由に該当しない場合には、行政不服審査会へ諮問しなければなりません。

　「諮問」とは、簡単にいえば意見を聞くことですが、何の準備もしないまま行政不服審査会に意見を求めるわけにはいきません。

　まず、諮問は通常、諮問書という書面をもって行います。この諮問書には、法定の添付書類として、審理員意見書及び事件記録（審査請求書、弁明書、反論書、証拠書類等の資料一式）の写しを添付する必要があります（法43条2項）。

　また、証拠書類等が大量にある場合や、審査請求書や弁明書等との対応関係が不明瞭な場合には、証拠書類等の説明書などを作成し、これを添付することが適切です。

　さらに、審理員意見書の内容を踏まえた上で、審査庁としての独自の

見解がある場合には、それを諮問説明書としてまとめ、諮問書に添付すると、行政不服審査会での審議がより円滑に進むでしょう。

審査庁(の職員)は、これらの書類を行政不服審査会の委員が審議しやすいよう整理した上で、諮問書とともに行政不服審査会に提出します。

また、諮問を行ったか否かは審理関係人(審査請求人及び処分庁)にとっても重要な事項です。そのため、審査庁は、諮問を行った場合、審理関係人にその旨を通知するとともに、審理員意見書の写しを送付しなければなりません(法43条3項)。

●図表3－18：諮問の手続

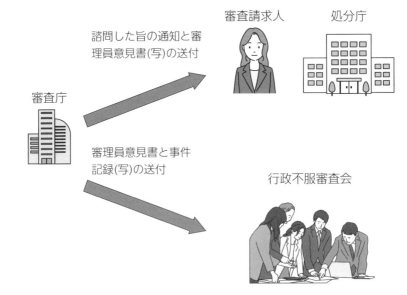

3　行政不服審査会の調査審議！事務局職員はどうする？

(1)　諮問の受付から答申までの流れ

審査庁から諮問書等を受け取った行政不服審査会の事務局担当者は、

これをそのまま行政不服審査会の委員に渡すわけにはいきません。諮問の受付から答申までには一定の手続があり、その流れに沿って業務を行わなければなりません。以下に、諮問から答申までの基本的な流れを説明します。

●図表3−19：諮問の受付から答申までの流れ

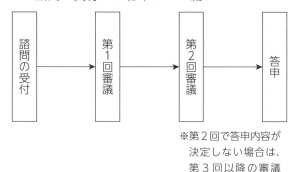

※第2回で答申内容が決定しない場合は、第3回以降の審議に継続される。

(2) 諮問の受付と第1回審議の事前準備

ア 諮問の受付

諮問の受付では、諮問書等に不備がないかを確認します。具体的には、諮問書の記載事項に誤記や記載漏れがないか、審理員意見書や証拠書類等の添付書類に不足がないか、諮問事件が諮問を要しない事件（法43条1項各号）に該当しないかを確認します。

諮問書等に不備がある場合には、審査庁に対して諮問書の訂正や添付書類の提出を求めます。また、諮問を要しない事件については、諮問の取下げを求めます。

諮問書等に不備がない場合には、受付処理を行い、第1回審議に向けた準備を開始します。

イ　第1回審議に向けた準備

まず、第1回審議の日程を決めるため、行政不服審査会の委員と日程調整を行います。日程が決まったら、行政不服審査会の招集についての起案処理を行い、各委員に招集通知書を送付します。

併せて、行政不服審査会の審議に向けて事案の検討を行います。行政不服審査会での審議時間は限られているため、迅速かつ充実した審議を行うためには、事務局が万全の準備を整えておく必要があります。

具体的には、審理員意見書と事件記録を精読し、争点を整理した上で、行政不服審査会に判断を求める事項を明確にします。

たとえば、以下のような争点整理メモを活用するとよいでしょう。

争点整理メモ

1　審査請求の対象となる処分

2　処分の根拠法令

3　争点

4　審査請求人の主張

5　処分庁の主張

6　審理員の意見

また、行政不服審査会の審議を円滑に進めるためには、委員に事前に資料を十分に読み込んでもらう必要があります。そのため、担当者が審理員意見書、審査請求書、弁明書、反論書、証拠書類等を整理した資料を作成し、委員に送付します。

(3)　第1回審議

第1回審議は、行政不服審査会が答申の判断を進めるための重要なステップです。事前準備で整理された争点や資料をもとに、審議が行われます。担当者は、これまでに準備してきた内容を踏まえ、委員に対して

的確な説明を行う等、審議を円滑に進める役割を果たすことが求められます。

ア　審　議

担当者は、まず、行政不服審査会会長の進行に従い、事件の概要、審査請求人及び処分庁の主張の要旨、争点などを説明します。

この説明を受け、委員は疑問点があれば担当者に質問や追加の説明を求めます。

その後、事件の争点について委員同士で議論を重ね、答申の方向性を決定します。

第1回審議で答申の方向性が決まった場合、第2回審議で答申内容が決定されるのが通常です。

一方、事件に関して処分庁等への調査が必要な事項がある場合や、議論がまとまらない場合には、第2回審議で引き続き審議を行います。

イ　審議後

担当者は、第1回審議で答申の方向性が決定した場合、第2回審議に向けて答申案を作成します。

一方、事件について調査が必要であるなどの理由で、第1回審議で答申の方向性が決まらなかった場合は、当該事項に関する調査を実施し、次回審議に備えます。

(4)　第2回審議

ここでは、第1回審議で答申の方向性が決まった場合について説明します。

ア　審　議

担当者は、まず、行政不服審査会会長の進行に従い、事前に作成した答申案について説明します。

この説明を受けた委員は、疑問点があれば担当者に質問や追加の説明

を求めます。

その後、委員同士で答申案について議論を行い、必要に応じて修正の指示を加えた上で、答申内容を決定します。

一方、答申案について疑問が生じ、新たな調査が必要となった場合には、当該調査を踏まえた上で、第3回審議で引き続き審議することになります。

イ　審議後

第2回審議で答申が決定され、答申書が作成された場合、行政不服審査会（の事務局担当者）は答申書を審査庁に交付します。また、答申書の写しを審査請求人に送付します（法81条3項、79条）。

一方、答申案について新たな指示が出されたり、調査が必要とされたりして、第2回審議で答申が決定されなかった場合、担当者は新たな指示に対応したり、調査を行ったりして、その結果を踏まえた答申案を作成します。

⑸　答申後

答申の内容は公表が義務付けられているため（法81条3項、79条）、担当者は公表に向けた準備を行います。具体的には、答申書のうち個人情報などをマスキング処理します。

マスキング処理が完了した後、行政不服審査裁決・答申データベース（https://fufukudb.search.soumu.go.jp）等に答申内容を掲載し、公表します。

4　事務局担当者としての心構え

行政不服審査会の構成員はあくまで学識経験者等の委員ですが、委員が審議に関わることのできる時間は限られています。そのため、充実し

た審議を行い、迅速な答申を出せるか否かは事務局担当者の腕にかかっているといっても過言ではありません。以下では事務局担当者として心構えについて説明します。

(1) スケジュール管理が重要

学識経験者は多忙であることが多いため、行政不服審査会を開催できる機会は限られており、多くても月に1回程度が一般的です。そのため、諮問案件の難易度に応じて、必要となる審議回数を予測し、スケジュールを立てておくことが重要です。事実関係が単純で争点が少ない案件であれば、2～3回の審議で終了する場合が多いですが、事実関係や争点が複雑な案件では、4～6回の審議を要することもあります。

後者のような複雑な案件の場合には、審議が長期間に及ぶことを見越して、早い段階で委員のスケジュールを確保しておくことが望ましいでしょう。

(2) 第1回審議が勝負！

第1回審議では、新規の案件について検討が行われるため、委員から多様な質問が寄せられることが一般的です。有名な大学教授や弁護士といった専門家から想定外の質問が飛び出すこともあれば、委員が必ずしも法律の専門家でない場合には、市民感覚に基づいた素朴な質問がなされることもあります。このような質問に的確に回答するためには、入念な事前準備が不可欠です。

審理員意見書や審査請求書などの事件記録を読み込むのはもちろん、処分の根拠法令や関連判例を自身で調査し、制度全体への理解を深めることが求められます。また、各委員の特性や専門分野を踏まえ、予想される質問を想定して準備しておくことも効果的です。

第1回審議において的確な回答を行い、委員の疑問が解消され、答申の方向性が固まれば、第2回審議で答申内容を決定する段階へと進むこ

とができ、結果として迅速な処理につながります。

⑶　答申案は審理員意見書のコピペでいいの？

　答申は、行政不服審査会が客観的かつ公正な立場から作成するもので、審理員意見書を踏まえつつ、行政不服審査会としての独自の判断が盛り込まれるべきものです。そのため、答申案を単に審理員意見書の「コピペ」で済ませることは適切ではありません。

　まず、審理員意見書は、審査請求人と処分庁の主張を基に、審理員が審査庁に意見を述べたものです。しかし、行政不服審査会は第三者機関であり、審理員意見書の内容をそのまま受け入れるだけでは、公正中立な判断を行うという本来の役割を果たせません。事務局担当者は、審理員意見書の内容を精査し、委員の意見を反映させた上で、答申書案を作成する必要があります。

　たとえば、審理員意見書では触れられていなかった新たな争点が審査会の議論の中で明らかになった場合、その点についても答申に反映させることが求められます。また、審理員が見落としていた法令解釈や判例などが委員から指摘された場合には、それを答申書に反映させることで、より正確で公平な答申を行うことが可能となります。

　実務上、答申案の作成は多くの場合、事務局が審理員意見書を基に行いますが、その際にも審査会の議論内容を十分に踏まえ、委員の意見を反映させることが重要です。最終的な答申は審査会が責任を持って作成するものであり、その内容に公正性と独自性を確保する必要があります。

 # Ⅳ　裁　決

1　はじめに

　行政不服審査会から答申が審査庁に提出されたら、審査庁は、審査請求のゴールである「裁決」をする手続に入ります（法44条）。

●図表3-20：答申と裁決

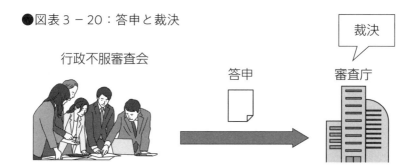

2　裁決とは

(1)　概　要

　では「裁決」とは何でしょうか。裁決とは、審査請求に対する審査庁の応答で、審査庁の最終的な判断を示したものをいいます。要するに、審査庁としての最終的な結論です。

●図表3-21：裁決とは

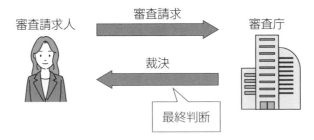

(2) 裁決の種類

　裁決の種類には、①却下裁決、②棄却裁決、③認容裁決の3種類があります。簡単にいえば、①却下裁決と②棄却裁決は審査請求人の「負け」を意味し、③認容裁決は審査請求人の「勝ち」を意味します。
　①却下裁決と②棄却裁決の違いは、その「負け方」にあります。
　①却下裁決は、処分の違法性及び不当性といった本案の審理を行わずに、審査請求を退ける裁決です。たとえば、審査請求自体が不適法と判断された場合に行われます（例：審査請求期間の徒過や不服申立人適格の欠如）。
　②棄却裁決は、本案の審理を行ったうえで、処分に違法性及び不当性がないと判断し、審査請求を退ける裁決です。
　一方、③認容裁決は、本案審理を経て処分に違法性又は不当性があると判断される場合に、審査請求人の請求を認め、処分を取り消す、又は変更する裁決です。
　以下では、これらの裁決についてさらに詳しく見ていきます。

●図表3−22：裁決の種類

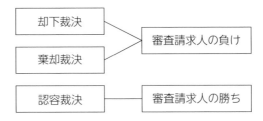

ア　却下裁決

　却下裁決とは、審査請求が不適法である場合に、本案の審理を拒絶する旨の審査庁の判断をいいます（法45条1項）。

　審査請求が不適法の場合とは、主に以下の場合をいいます。

① 処分に該当しないものについて審査請求をしたこと
② 不服申立人適格がないこと
③ 不服申立ての利益がないこと
④ 審査請求期間を徒過し、かつ正当な理由がないこと

　行審法45条1項は「審査請求が……不適法である場合」と規定されており、法24条2項のように「不適法であって補正することができないことが明らかなとき」とは規定されていません。そのため、同法45条1項に基づいて（法24条2項を適用せずに）却下裁決を行う場合には、不適法であることが明白でない場合でも却下することが可能です。

　却下裁決は、審査請求の対象である処分の違法性及び不当性について判断を行わず、いわば審査請求を門前払いすることを意味するため、審査請求人にとっては受け入れがたい結果となります。したがって、審査庁としても、審理員意見書や答申書の内容を十分に検討し、却下するかどうかの判断を慎重に行うことが求められます。

　なお、審理員意見書や答申書で却下裁決が相当であるという意見が示

されていた場合でも、審査庁が審査請求を適法と判断すれば、本案の審理を行うことは可能です。この場合、審査庁は自ら本案の審理、すなわち審査請求の対象となった処分の違法性及び不当性を審査し、その上で、棄却裁決又は認容裁決を行うことになります。

　イ　棄却裁決

　棄却裁決とは、審査請求の対象である処分が適法かつ妥当である旨の審査庁の判断をいいます（法45条2項）。審査請求は、行政訴訟と異なり、処分の適法性（違法性）だけでなく、妥当性（不当性）も審査の対象となりますが、以下では処分の適法性に限定して解説します。

　処分が適法であるというためには、処分が根拠法令の要件を満たし、実体的に適法であることだけでなく、処分が適正な手続を経ており、手続的にも適法である必要があります。

●図表3－23：棄却裁決の要件

　たとえば、生活保護申請の却下処分の場合、当該処分が生活保護法の審査要件に照らして実体的に適法であったとしても、その理由付記の程度が行手法8条に違反している場合には、手続的適法の要件は満たさないため、棄却判決をすることはできません（この場合、認容裁決をすることになります。）。

　以上のように、処分の適法性を判断する際には、実体的適法性と手続的適法性の双方を適切に検討することが求められます。

ウ　認容裁決
　認容裁決とは、審査請求の対象である処分が違法又は不当である旨の審査庁の判断をいいます（法46条1項）。
　処分の違法と適法は裏表の関係にあるので、処分が実体的に違法であるか、又は、処分が手続的に違法であれば、認容裁決をすることができます。

●図表3－24：認容裁決の要件

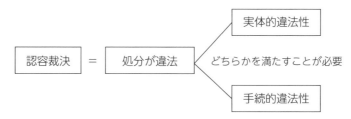

　以上により、認容裁決は、処分の違法性又は不当性が認められる場合に行われますが、認容裁決が下された場合、処分庁側には不服申立ての機会が保障されていない点が特徴的です。
　このため、処分庁としては、いかなる内容の認容裁決であっても、これを受け入れるほかありません。

3　裁決書の作成～審理員意見書や答申書との違いは何？～

(1)　裁決書の作成手続
　行政不服審査会から答申が審査庁に提出された場合、審査庁の職員は裁決書の作成手続に入ります。
　裁決書は、審理員意見書とは異なり、審査庁という行政機関の組織的判断であるため、担当者1人で作成されるものではありません。
　また、裁決書は審理員意見書や答申を尊重する必要はありますが、そ

れらに拘束されるわけではありません。

　したがって、裁決書（案）を作成する際には、審理員意見書や答申書の内容を単に書き写すのではなく、裁決書の結論が審査請求人や処分庁にどのような影響を与えるかを十分に吟味する必要があります。

　特に、認容裁決を行った場合、処分庁にはこれを争う手段がないため（棄却裁決であれば審査請求人は行政訴訟等でその判断を争うことができますが、処分庁にはその手段がありません。）、十分かつ慎重な検討が求められます。

　たとえば、同僚や上司と相談することはもちろん、必要に応じて審査請求人や処分庁から追加の証拠書類等の提出や説明を求め、審査請求人が受ける不利益、処分庁の判断過程、さらには認容裁決が実務に与える影響等も踏まえたうえで、審査庁として慎重に判断を下すことが求められます。

　しかし、実務への影響を考慮するあまり、本来違法とされるべき処分を適法と判断するようなことがあってはなりません。実務への影響に配慮するのであれば、処分の違法性が疑われる段階で、処分庁に職権による取消しを含めた対応を検討してもらうことも1つの選択肢となります。

(2)　裁決書の記載事項
ア　法定記載事項

　裁決書の記載事項は行審法によって規定されており、以下の事項を必ず記載しなければなりません（法50条）。

---

①　主文
②　事案の概要
③　審理関係人の主張の要旨
④　理由
⑤　教示文

イ 主 文

　主文とは、審査請求についての審査庁の結論を示すものです。明確かつ簡潔に書く必要があります。具体的には以下のとおりとなります。

●図表3－25：裁決の記載例

	記載例
却下裁決	本件審査請求を却下する。
棄却裁決	本件審査請求を棄却する。
認容裁決	○○（処分庁）が令和○年○月○日付でした○○処分を取り消す。

ウ 事案の概要

　事案の概要とは、審査請求の事案のおおよその内容について要点を絞ってまとめたものです。

●図表3－26：事案の概要の記載例

	記載例
事案の概要	本件は、審査請求人が、令和○年○月○日に処分庁に対し○○申請をしたところ、処分庁が、同年○月○日付けで、これを却下する旨の○○処分（以下「本件処分」という。）をしたことから、これを不服として本件処分の取消しを求めた事案である。

　自治体によっては、事案の概要において、審理関係人との間で争いのない事実や、証拠書類等から容易に認められる事実を、時系列に沿って順次記載している場合もあります。

●図表 3 - 27：事案の概要（時系列）の記載例

	記載例
事案の概要 （時系列）	1　令和○年○月○日、審査請求人は、○○申請をした。 2　同年○月○日、処分庁は、○○という理由で上記1の申請を却下する旨の処分（以下「本件処分」という。）をした。 3　同年○月○日、審査請求人は、これを不服として本件処分の取消しを求める審査請求をした。

エ　審理関係人の主張の要旨

　審理関係人の主張の要旨とは、審査請求人及び処分庁の主張をそれぞれ要約したものをいいます。これは、審査請求の争点を明確にするために記載されるものです。審査請求人の主張の要旨については、審査請求書や反論書に記載された主張を基に要約し、処分庁の主張の要旨については弁明書に記載された主張を基に要約します。

オ　理　由

　理由とは、審査庁が主文で示した結論に至った根拠をいいます。処分の違法性及び不当性に関する判断の根拠を、審査請求人が理解できる程度に具体的に記載する必要があります。

　とはいえ、どのような内容をどの程度詳しく、またどのような順序で記載すべきかは判断が難しい場合もあります。

　そこで筆者が勧めるのは法的三段論法に従って記載することです。

　法的三段論法とは、第2章Ⅱ2で述べたとおり、法律問題を論理的に解決するために用いられる推論の方法です。法的三段論法は、次の3つのステップで構成されます。

●図表3－28：法的三段論法

	内容
①大前提	一般的な法規や規範を示します。これは「法律がどう規定しているか」を示す部分です。
②小前提	具体的な事実関係を示します。これは「事実として何が起こったか」を示す部分です。
③結論	大前提と小前提を基に導き出される論理的な結果です。

　このように、大前提（法律の規定）に小前提（事実）を当てはめることで、論理的に結論（法的な判断）が導き出されるのが、法的三段論法です。

　審査請求の対象となる処分が適法か違法かについても、この法的三段論法に従って考えることが大切です。

　そして、裁決書の理由も、この法的三段論法に従って書けば、誰にでも理解できる論理的な文章となります。

　以下では、一時保護の事案を例に、法的三段論法の簡単な適用例を紹介します。

●図表3－29：法的三段論法の例（一時保護）

		法的三段論法	具体例
1	根拠法令	大前提	児童福祉法33条1項は、児童相談所長は必要があると認めるときは、同法26条1項の措置を採るに至るまで、児童の安全を迅速に確保し適切な保護を図るため、児童の一時保護を行うことができる旨規定している。 　そして、一時保護をする「必要がある」か否かの判断は、児童相談所長の合理的な裁量に委ねられていると解するのが相当であり、同法33条の規定による一時保護は、裁量権の範囲を超え、又はその濫用があったと認められる場合に限って違法となり、取り消されるべきものといえる。
2	認定事実	小前提	令和〇年〇月〇日、処分庁は、審査請求人が同月〇日に本件児童の顔面を数回にわたって殴り本件児童に傷害を負わせたことを理由として、本件児童を一時保護した。

第3章　行政不服審査担当の業務　157

| 3 判断 | 結論 | 上記2の事実を前提とすれば、処分庁が本件児童を一時保護したことに、裁量権の逸脱濫用は認められないから、一時保護は適法である。 |

　なお、裁決書の主文が、審理員意見書又は答申と異なる内容となった場合には、審査庁の判断過程の透明性を確保するため、その理由を記載する必要があります（法50条１項４号かっこ書）。

カ　教示文

　再審査請求ができる裁決をする場合には、裁決書に教示文を記載する必要があります（法50条３項）。具体的には、再審査請求が可能であること、再審査請求を行う行政庁、そして再審査請求の期間を明記します。

　また、取消訴訟が可能な裁決を行う場合には、裁決書に裁決の取消訴訟における被告とすべき者、出訴期間などを記載する必要があります（行訴法46条）。

キ　記名・押印

　裁決書には、審査庁が記名のうえ、押印しなければなりません（法50条１項）。裁決書に記名・押印がない場合には違法となるため、注意が必要です（東京高裁昭和24年３月９日判決・行裁月報15号135頁）。

4　裁決書の送達

(1)　概　要

　裁決書が完成したら、その謄本を審査請求人には送達し、処分庁には送付する必要があります。なお、「送達」と「送付」では意味が異なるため、注意が必要です。

●図表3−30：裁決書（謄本）の送達と送付

(2) 審査請求人への送達
　ア　郵送による送達
　裁決は、審査請求人に送達された時にその効力を生じます（法51条1項）。逆にいえば、審査請求人に裁決書が送達されない限り、裁決は効力を生じません。
　ここで「送達」とは、手続に必要な書類を法定の方式に従って当事者等に交付し、又はこれらの者にその交付を受ける機会を与える行為をいいます。審査請求の裁決においては、原則として、審査請求人に裁決書の謄本を送付することで行います（法51条2項）。
　「裁決書の謄本」とは、裁決書の原本の全部を写し、権限ある者が認証したものを指します。裁決書の原本は審査庁で保管されるため、審査請求人にはその謄本が送達されることになります。
　送達の具体的な方法としては、実務上、配達証明付きの一般書留郵便を用いるのが一般的です。この方法は、送達の確実性を担保するための措置です。しかし、何らかの理由で審査請求人が受け取れず、保管期間の経過により裁決書の謄本が返送されてしまった場合には、代替として特定記録付き普通郵便を利用して再送する場合もあります。

　イ　公示送達
　特定記録付き普通郵便による送付も奏功しなかった場合には、公示送達の手続を検討します（法51条2項ただし書）。
　公示送達とは、審査庁が所定の掲示手続を採ることによって、裁決書の謄本の送達があったとみなす制度です。具体的には、審査庁が裁決書

の謄本を保管し、いつでもその送達を受けるべき者に交付する旨を当該審査庁の掲示場に掲示した上で、その旨を官報その他の公報又は新聞紙に少なくとも1回掲載すれば、その掲示を始めた日の翌日から起算して2週間を経過した時に裁決書の謄本の送達があったものとみなされます（同条3項）。

公示送達をするためには、「送達を受けるべき者の所在が知れない場合その他裁決書の謄本を送付することができない場合」（同条2項ただし書）に該当する必要があります。

ここで「所在が知れない」とは、審査請求人について関係書類の調査、実地調査等を行っても、なお送達すべき場所が不明な場合をいい、たとえば、郵送した裁決書の謄本が宛先不明で返戻されたことのみをもって該当するものではないとされています（最高裁昭和56年3月27日判決・民集35巻2号417頁）。また、「その他裁決書の謄本を送付することができない場合」とは、たとえば、その者が戦場その他郵送もできない場所にあって、しかも国内に受領代理人が定められていないような場合をいいます。

したがって、公示送達の手続を取るためには、普通郵便による裁決書の謄本の返戻に加え、現地調査等により、審査請求人の生活実態の有無を確認する必要があります。

(3) 処分庁への送付

裁決書の謄本は、審査請求人だけでなく、処分庁にも送付します（法51条4項）。送付方法について特段の規定はありませんが、郵送など適切な方法で送付すれば問題ありません。

Column6 　裁決書謄本の公示送達のための現地調査

　公示送達の手続を取るためには、現地調査などを通じて審査請求人の生活実態の有無を確認する必要があります（法51条2項ただし書）。しかし、現地調査といわれても、具体的に何をどの程度調査すればよいのか迷う職員も少なくありません。

　現地調査では、まず表札や郵便受けの状況を確認します。また、電気やガスメーターの稼働状況、洗濯物の有無、さらに周辺住民への聞き取りも重要な手段です。たとえば、表札がなく、郵便受けに郵便物が滞留し、電気・ガスメーターが稼働しておらず、洗濯物も見当たらないうえ、周辺住民も審査請求人を見かけていない場合には、生活実態がないと判断できる可能性が高いです。ただし、これらすべての条件が揃っていなくても、各状況を総合的に考慮して生活実態がないと判断することも可能です。

　また、調査の正確性を保つために、居住地の外観や状況を写真撮影し、報告書形式で記録を作成しておくことが重要です。これにより、調査結果を裏付ける証拠として活用できます。

　現地調査の結果、生活実態が確認できない場合には、「所在が知れない」（法51条2項ただし書）として公示送達の手続を進めます。一方で、生活実態が確認できた場合には、居住地の郵便受けに裁決書を投函することで意思表示の到達があったと認定することができます。この際、投函の証拠を残すため、投函時の写真撮影を行うとよいでしょう。

5 裁決の効力

(1) 裁決の効力とは何か

　裁決は、審査請求人に送達された時点で効力を生じます（法51条1項）。では、裁決の効力とは具体的に何を指すのでしょうか。

　まず押さえておきたいのは、裁決の効力が問題となるのは認容裁決の場合であるという点です。却下裁決は、審査請求自体が不適法であることを意味し、棄却裁決は、審査請求の対象となる処分の適法性及び妥当性が認められたことを示すため、審査請求人と処分庁の法律関係に具体的な変更は生じません。

(2) 認容裁決がもたらす効果

　一方、認容裁決の場合には、処分庁が行った処分の違法性又は不当性が認められ、その結果、当該処分は遡及的に取り消された状態となります。

　たとえば、児童相談所長が行った一時保護に対して認容裁決が下された場合、その裁決によって一時保護が取り消され、法的効果を失います。このため、児童相談所長は児童を親のもとに返さなければなりません。

　また、福祉事務所長による生活保護申請却下処分について認容裁決が下された場合、その却下処分は取り消されます。この場合、元々行われていた生活保護申請の効力自体は維持されるため、福祉事務所長はその申請を改めて審査し、処分を行うことになります。

(3) 裁決の拘束力

　ここで重要となるのが、裁決の拘束力です。行審法52条1項には「裁決は、関係行政庁を拘束する。」と規定されており、処分庁は裁決に従った行動を行うことが義務付けられています。たとえば、福祉事務所長が

審査請求人に稼働能力があることを理由に生活保護申請を却下し、審査庁がその判断を覆して認容裁決を下した場合、当該却下処分は取り消されます。さらに、裁決の拘束力により、福祉事務所長が「稼働能力がある」という理由で再び却下処分を行うことはできません。

ただし、裁決の拘束力は裁決内容に限定されるため、「審査請求人に資産がある」など稼働能力以外の理由による却下処分を行うことは可能です。

(4) 認容裁決の留意点

審査庁が認容裁決を行った場合、審査庁の担当者は、処分庁の職員から今後の手続について問合せを受けることがあります。そのため、認容裁決によって処分にどのような効果が生じ、処分庁の行動がどのように制限されるのかを正確に理解しておくことが重要です。

6　裁決後の手続

行政不服審査制度では、裁決後も審査請求人への対応や事件記録の適切な処理を行う必要があります。以下では、裁決後の手続において特に重要となる証拠書類等の返還と事件記録の保存について解説した上で、最後に裁決書に対して不満を述べる審査請求人への対応について解説します。

(1) 証拠書類等の返還

行審法53条は、「審査庁は、裁決をしたときは、速やかに、第32条第1項又は第2項の規定により提出された証拠書類若しくは証拠物又は書類その他の物件及び第33条の規定による提出要求に応じて提出された書類その他の物件をその提出人に返還しなければならない。」と規定しています。したがって、審査庁は、裁決後、審査請求人から同法32

条1項により提出された証拠書類等を返還しなければなりません。

○行政不服審査法

第32条　審査請求人又は参加人は、証拠書類又は証拠物を提出することができる。

　もっとも、審査請求書には、処分通知書、文献、判例のコピーなど、さまざまな書類が添付されている場合があります。これらすべての書類を行審法32条1項に基づき提出された証拠書類等と解釈し、同法53条に基づいて審査請求人に返還する対応を取ると、事務処理が煩雑になるだけでなく、返還を希望していない審査請求人の意思に反する結果となる可能性があります。

　そのため、これらの添付書類が公的証明書などの原本であり、審査請求人が返還を望んでいると解される場合を除き、その他の添付書類については、審査請求書と一体をなすものとみなし、これを返還をしないとする対応を取ることも許容されると考えられます。

(2)　事件記録の保存

　行審法には事件記録の保存に関する明確な規定はありませんが、手続の透明性を確保するために、事件記録を適切に保存することは極めて重要です。

　事件記録には、審査請求書、弁明書、反論書、証拠書類等、審理員意見書、答申書、裁決書などが含まれます。これらは、審査手続の経緯を示す重要な記録であり、将来的な再審査請求や取消訴訟、さらには類似事案への対応においても重要な参考資料となります。特に、以下の点に留意して保存を行うことが求められます。

ア　保存期間

事件記録の保存期間は、各自治体の文書管理規則に基づいて設定されます。一般的には、5年から10年程度の保存期間が定められる場合が多いですが、裁決書などの特に重要な書類については、それ以上の保存期間を定めている場合もあります。

イ　保存方法

紙媒体の記録については、適切にファイリングを行い、湿気や損傷を防ぐための環境を整える必要があります。一方、電子化された記録については、情報漏洩や改ざんを防ぐために厳格なアクセス制限を設け、安全なサーバーやクラウド上で管理します。

(3)　裁決書に対する不満への対応

裁決が行われた後、審査請求人が裁決書の内容に対して不満を述べることがあります。このような場合、審査庁の職員としては、審査請求人の話に真摯に耳を傾けることが重要です。ただし、裁決は審査庁の最終判断であり、その内容を超えて追加の説明を行う必要はないことを理解しておくべきです。

また、裁決に不服がある場合には、取消訴訟を提起する権利が審査請求人に保障されており、さらに法律で再審査請求が認められている場合には、その手続を利用することも可能です。そのため、職員が、裁決の内容について改めて説明をする必要はなく、適切な法的手続の案内にとどめるべきです。

このように、審査請求人の不満に対応する際には、裁決が行政不服審査手続の終局的な判断であることを踏まえた上で、冷静かつ適切に対処することが求められます。

V 執行停止って何?

1 審査請求をすれば処分はストップするのか?→しません！ ～執行不停止の原則～

　審査請求人からよくある問合せとして、「審査請求をしたから行政処分は止まるんですよね。」というものがあります。
　たとえば、固定資産税の賦課処分に対し審査請求をした場合、「自分は審査請求をしたのだから、裁決が出るまでは固定資産税を払わなくてよい！」と思っている方がたまにいます。
　しかし、審査請求をしただけでは、行政処分の効力や手続の執行は何ら影響を受けません（法25条1項）。これを執行不停止の原則といいます。

2 執行停止とは

　審査請求は簡易迅速な手続とはいえ、それなりの時間を要します。審査請求の手続が終了するまで行政処分の効力や手続の執行を一切止められないとすると、長期間にわたって行政処分の効力が維持され、審査請求人の利益が著しく失われる可能性があります。
　そこで行審法は、執行停止という制度を設け、審査庁は、必要があると認める場合には、処分の執行の停止等の措置を取ることができるとしています。

3　執行停止の審査

執行停止には、審査請求人の申立てによる場合と審査庁が職権で行う場合の2つがあります。実務上、審査庁が職権で執行停止を行うケースは多くありません。そこで、以下では審査請求人の申立てによる場合について解説します。

審査請求人の申立てによる執行停止は、審査請求書の提出と同時に行われることがほとんどです。この申立ては、審査請求書とは別に「執行停止申立書」という書面で提出される場合もあれば、審査請求書に執行停止を求める旨の文書が記載されている場合もあります。

4　執行停止の審査の手続

執行停止の審査は、審査請求手続の中でも特に迅速な対応が求められます。執行停止の手続は、①審査請求人による執行停止の申立て、②審査庁による調査依頼、③処分庁からの調査回答、④審査庁による執行停止の要否の決定通知という順序で進められます。

●図表3－31：執行停止審査の手続の流れ

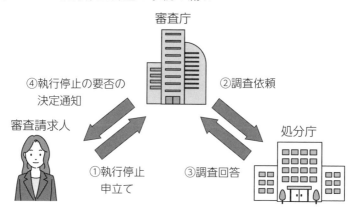

第3章　行政不服審査担当の業務　167

⑴ 調査依頼

　執行停止の審査を行うのは審理員ではなく、審査庁、具体的には審査庁の職員です。

　審査庁の職員は、まず処分庁等に対し、事実関係や法適用の関係について調査を依頼します。行審法では、審査庁が上級行政庁又は処分庁のいずれでもない場合に、処分庁に意見聴取を求める旨が規定されています（法25条3項）。しかし、これらの場合に限らず、処分庁に事実関係や法適用の関係を調査しなければ執行停止の要否を判断することは困難です。そのため、実務上は原則として処分庁に調査依頼を行っています。

　依頼内容は、基本的には弁明書の提出要求の場合と同様です。具体的には、主に以下の事項です。

---

　① 　処分に至るまでの経緯
　② 　執行停止申立書に記載されている事実の認否
　③ 　処分の内容及び理由
　④ 　執行停止の申立てに対する意見

　また、調査回答の期限については事案により異なりますが、執行停止制度の趣旨を踏まえ、1週間から2週間程度に設定するのが適切でしょう。

⑵ 処分庁の回答

　上記調査依頼を受けた処分庁は、調査事項を記載した調査回答書を審査庁に提出します。この調査回答書の記載方法は弁明書と基本的に同じですが、特に処分の理由については詳細な記載が求められます。

　これは、行政処分を実際に行ったのが処分庁であり、その事実関係や根拠法令について最も詳しい情報を有しているのが処分庁であるためです。処分庁は、自らが把握している事実関係を正確に示し、それに基づ

く法令の適用についても具体的に説明する必要があります。たとえば、児童相談所長が親による暴力を理由に児童を一時保護した場合には、暴力が行われた日時や場所、背景事情などの詳細な記載が求められます。また、処分の根拠法令である児童福祉法33条1項についても、その適用にあたって問題となる「必要があると認めるとき」という文言の解釈を含めて明確に説明することが重要です。

(3) 執行停止の要否の決定通知

　回答書を受け取った審査庁は、執行停止の要否を判断し、その結果を審査請求人及び処分庁に通知します。執行停止の判断は迅速さが求められるため、通常はおおむね2週間程度で判断を行います。

5　執行停止の判断のポイント

　執行停止の要件は、「処分、処分の執行又は手続の続行により生ずる重大な損害を避けるために緊急の必要があると認めるとき」です（法25条4項本文、当該要件を以下「重大性の要件」といいます。）。

　審査庁の職員は、損害の回復の困難の程度、損害の性質及び程度、処分の内容及び性質を考慮して、重大性の要件の有無を判断します。

　ポイントは、審査請求人が受ける不利益の程度と処分の執行を停止することによる公益上の不利益（例：児童が受ける虐待の危険性）を比較考量することです。

　たとえば、児童福祉法33条1項に基づく一時保護の場合、審査請求人である親が受ける損害と、この執行を止めてしまった場合に生じる公益上の不利益（例：児童が受ける虐待の危険性）を比較します。審査庁は、審査請求人が受ける損害が事後的な国家賠償請求等による金銭賠償では解決できないほど回復困難であるかどうか、また公益上の不利益の程度や蓋然性などを総合的に考慮し、重大性の要件を満たすか否かを判

断します。

　なお、重大性の要件を満たしていても、「公共の福祉に重大な影響を及ぼすおそれがあるとき」、又は「本案について理由がないとみえるとき」は、執行停止をしなくてもよいとされています（法25条4項ただし書）。しかし、これらの要件が問題となる場合は稀であり、執行停止の可否はほとんどの場合、重大性の要件の有無によって決まります。

 VI　審査請求を取り下げたいと言われたら？

1　はじめに

　審査請求人は、裁決があるまでは、いつでも審査請求を取り下げることができます（法27条1項）。

　取下げは、審査請求人自身が翻意して行う場合もありますが、処分庁による職権取消しに伴って行われることが多いです。

　具体的には、処分庁が審査請求を受けて処分を精査した結果、処分に違法事由があることが判明し、処分庁自らが職権で処分を取り消す場合があります。この場合、審査請求を継続しても、不服申立ての利益がないとして却下裁決となるケースが一般的です。

　そのため、審査請求を継続することは審査請求人にとっても意味がなく、審査請求を取り下げるのです。こうした状況から、審査請求人が「審査請求を取り下げたいのですが……」と問い合わせてくることがあります。

●図表3−32：処分庁による職権取消しに伴う審査請求の取下げ

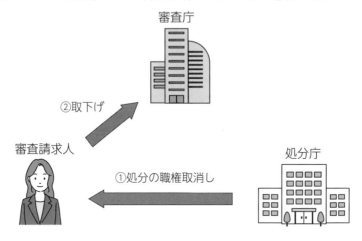

2 取下げの方法と手続

こうした審査請求の取下げの処理をスムーズに行うためには、取下げの具体的な方法や手続について適切に案内することが重要です。

(1) 取下げの方法

審査請求の取下げは書面で行う必要があるため（法27条2項）、その旨を審査請求人に案内しましょう。取下書のひな型を用意しておき、審査請求人に交付することで、手続がスムーズに進みます。

取下書が代理人によって提出される場合には、特に注意が必要です。この場合、代理人に取下げの権限が特別に委任されていることが必要です（法12条2項ただし書）。委任状の委任事項に「〇〇処分の審査請求に係る一切の事項」と記載されているだけでは不十分であり、「当該審査請求の取下げ」と明記されている必要があります。もし委任状に取下げの権限が明記されていない場合には、委任状の追加又は本人による取下書の提出を求めましょう。

また、取下げは、審理員による審理が係属している間に行われること

もあります。取下書は、本来、審査庁に対して提出されるべきものですが、このような場合には、審理員を経由して提出することも可能です。

⑵　取下げ後の手続

　審査請求人から取下書が提出された場合、この時点で審査請求は終了します。

　審理員が指名されるなど、審査請求に審理員や処分庁が関与している場合には、審査請求が取下げにより終了したことを審理員や処分庁へ通知します。

4

裁決に対する不服申立て

Ⅰ 裁決書に納得がいかないと言われたら？

　裁決の内容が却下又は棄却である場合、審査請求人が裁決の内容に納得がいかないとして、裁決をした行政庁（以下「裁決庁」といいます。）に問合せをしてくる場合があります。この場合、法律上、再審査請求が認められる場合は再審査請求の手続を、認められていない場合は行政訴訟の手続を案内することになります。

●図表4－1：裁決に不服のある場合の救済手段

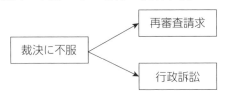

 ## Ⅱ 審査請求の第2ラウンド！再審査請求

1　再審査請求とは

　再審査請求とは、審査請求の結果に不服がある場合に、さらに別の行政庁に対して行う不服申立てです。いわば、審査請求の第2ラウンドです。

　ただし、再審査請求はすべての場合にできるわけではなく、個別法で認められた場合に限り、することができます（法6条1項）。

2　再審査請求の対象

再審査請求の対象は、審査請求の裁決（以下「原裁決」といいます。）又は当該審査請求の対象とされた処分（以下「原処分」といいます。）です。このように再審査請求は、原裁決と原処分の両方をその対象とすることができる点に特徴があります。

●図表4−2：再審査請求の対象

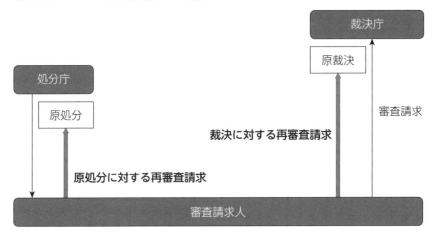

3　再審査請求の請求先

再審査請求を行う際の請求先は、法律で定められた特定の行政庁（以下「再審査庁」といいます。）です。

たとえば、生活保護法66条では、市町村長が行った保護の決定等に関する審査請求について、都道府県知事が裁決を行った場合、その裁決に対する再審査請求の請求先（再審査庁）は厚生労働大臣であると規定されています。

4　再審査請求期間

　再審査請求の期間は、原則として審査請求に対する裁決があったことを知った日の翌日から起算して1か月以内、原裁決があった日の翌日から起算して1年以内です（法62条1項本文、2項本文）。ただし、いずれの場合も、審査請求と同様に、「正当な理由」があれば期間経過後でも許されます（法62条1項ただし書、2項ただし書）。

5　裁決庁としての対応

　裁決庁としての対応は、①審査請求人から問合せを受けた場合の対応と②再審査請求がされた場合の再審査庁に対する対応に大きく分けられます。

(1)　審査請求人に対する対応

　審査請求人に対する対応としては、まずは再審査請求ができるか否かを確認することから始まります。再審査請求できるか否かは処分の根拠法令を読めば分かります。

　再審査請求ができる場合には、制度の仕組みを説明した上で、詳細については再審査庁に問い合わせるように促します。再審査請求の請求先や期間制限は、基本的に裁決の教示文にも記載されているため、それを示しながら説明することで理解を得やすくなります。また、再審査請求書は、再審査庁に直接提出することができるほか、原処分と原裁決のいずれを対象とするかにかかわらず、裁決庁又は処分庁を経由して提出することが可能です（法66条1項、21条）。審査請求人に対して、再審査請求書を再審査庁に直接提出するのか、裁決庁等を経由するのか確認することで、より丁寧な対応となります。

(2) 再審査庁に対する対応

　実際に再審査請求がされた場合には、その対象が①原処分であるのか②原裁決であるのかによって対応が異なります。①原処分に対する再審査請求の場合は、原処分を行った処分庁が基本的に対応するため、裁決書を送付するほかは、裁決庁が対応することは基本的にはありません。

　一方、②原裁決に対する再審査請求の場合には、裁決庁が対応します。

　再審査請求では審理員による審査は行われますが、審査請求とは異なり、行政不服審査会による審査は行われません。また、審理員から再審査請求書が送付され、裁決書の送付が求められますが、弁明書の提出は義務付けられていません。

　もっとも、審理員から裁決の内容や手続について質問を受ける場合があり、必要があれば証拠書類等を提出して対応します。

III　せっかく出した裁決に取消訴訟が提起された。どうする？

　裁決に対しては、行政訴訟を提起することが可能です。この行政訴訟には、①処分の取消訴訟（行訴法3条2項）と②裁決の取消訴訟（同条3項）の2つがあります。

●図表4－3：処分の取消訴訟と裁決の取消訴訟

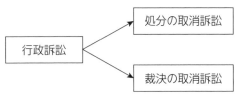

第4章　裁決に対する不服申立て　177

1　処分の取消訴訟

　処分の取消訴訟とは、処分そのものの取消しを求める訴訟です。この場合、対象となるのは原処分であり、裁決庁が行った裁決そのものではありません。そのため、原処分を行った処分庁（の職員）が対応することが主となり、裁決庁（の職員）の役割は限定的です。

　もっとも、実際の裁判では、裁決書や裁決に関する書類（弁明書や反論書等）の提出が求められることがあります。裁決庁の職員は、必要に応じて、これらの書類を訴訟の代理人を通じて裁判所に提出します。

2　裁決の取消訴訟

　裁決の取消訴訟とは、裁決そのものの取消しを求める訴訟です（行訴法3条3項）。この場合、裁決庁が直接訴訟の対応部署となるため、裁決庁の職員が訴訟対応を行うことになります（もっとも、実務上は弁護士などの代理人に対応を依頼するケースが多くみられます。）。

　裁決の取消訴訟においては、原処分主義の理解が重要となるため、まずはこの点について解説します。

⑴　原処分主義とは

　原処分主義とは、処分の取消訴訟と裁決の取消訴訟を提起できる場合には、裁決の取消訴訟においては処分の違法を主張することができないことをいいます（行訴法10条2項）。つまり、裁決の取消訴訟では、裁決固有の違法性のみを争うことができ、原処分の違法性を争うことはできないということです。

　裁決固有の違法性とは、裁決権限のない行政庁が裁決を行ったり、裁決手続に瑕疵がある場合、たとえば、利害関係人の参加の申立て（法13条1項）や、証拠書類等の閲覧・写しの交付の請求（法38条1項）を違法に拒否したり、裁決に理由付記（法50条1項4号）がされなかっ

た場合等があります。

●図表4－4：原処分主義

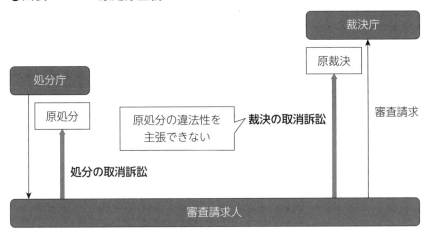

(2) 裁決庁職員の対応

　裁決の取消訴訟においては、基本的に原処分主義が採用されるため、裁決固有の違法性が裁判の争点となります。このため、自治体側は裁決に至る経緯や手続が適切に行われたことを主張、立証する必要があります。裁決庁の職員は、裁決に関するすべての関連資料（審査請求書、弁明書、反論書、証拠書類等、裁決書など）を整理し、訴訟に備えることが求められます。

　また、裁判においては、審査請求人との口頭でのやり取りが争点となることがあります。このような事態に備え、審査手続の過程でどのようなやり取りがあったのかを詳細に記録しておくことが重要です。適切な記録が、裁判における有効な証拠となり、手続の正当性を主張するための重要な材料となります。

用語索引

あ 行

委員 ／ 138
違法性 ／ 5
押印 ／ 158
オンライン ／ 90, 122

か 行

カスタマー・ハラスメント ／ 7
間接事実 ／ 64
棄却裁決 ／ 152
起算日 ／ 36
記名 ／ 158
却下 ／ 24, 25, 96, 97
却下裁決 ／ 42, 43, 96, 151
客観的審査請求期間 ／ 35, 36
教示 ／ 28, 88
教示文 ／ 158
行政処分 ／ 2, 5, 30
行政訴訟 ／ 4
行政不服審査会 ／ 14, 135
行政不服審査会条例 ／ 136
行政不服審査会による審議 ／ 11
居所 ／ 85
原裁決 ／ 175
原処分 ／ 175
原処分主義 ／ 178
現地調査 ／ 161
公示送達 ／ 159

口頭意見陳述 ／ 4, 48, 118
コピーの交付請求 ／ 47, 124

さ 行

裁決 ／ 12, 149
裁決固有の違法性 ／ 178
裁決書の謄本 ／ 159
裁決庁 ／ 174
裁決の拘束力 ／ 162
裁決の効力 ／ 162
最上級行政庁 ／ 25
再審査請求 ／ 8, 49, 174
再審査庁 ／ 175
再調査の請求 ／ 8, 49
再弁明書 ／ 116
事件記録 ／ 128, 164
事実認定 ／ 61, 66
事前審査 ／ 92
執行停止 ／ 18, 166
執行不停止の原則 ／ 166
実体的違法性 ／ 38
実体審査 ／ 22
事務局 ／ 138
事務局業務 ／ 17, 19
諮問 ／ 11, 43, 47, 139, 141
自由選択主義 ／ 52
主観的審査請求期間 ／ 35, 36, 48
主文 ／ 155

主要事実 ／ 63

上級行政庁 ／ 25

証拠書類等 ／ 62, 110, 123

証拠書類等の閲覧 ／ 47

証拠書類等の返還 ／ 163

小前提 ／ 61, 66, 157

証明力 ／ 64, 65

処分 ／ 85

処分性 ／ 96

処分があった日 ／ 35, 36

処分があったことを知った日／35, 36

処分庁 ／ 11, 14

処分に対する審査請求 ／ 9

処分の理由 ／ 109

書面主義 ／ 4, 24, 80

審議 ／ 11, 143

審査請求 ／ 8, 49

審査請求期間 ／ 34, 36

審査請求書 ／ 10, 80

審査請求書の提出先 ／ 25

審査請求人 ／ 14

審査請求の趣旨 ／ 87

審査請求の理由 ／ 87

審査庁 ／ 4, 14

審査庁業務 ／ 18

審理 ／ 11

審理員 ／ 11, 14, 47

審理員意見書 ／ 11, 14, 19, 128

審理員業務 ／ 19

審理関係人の主張の要旨 ／ 156

審理員候補者名簿 ／ 101

審理員による審理 ／ 11

審理員の指名 ／ 102

審理員補助者 ／ 132

正当な理由 ／ 36, 37, 97, 125, 176

送達 ／ 159

送付 ／ 160

た　行

大前提 ／ 58, 66, 157

代理人 ／ 24

調査依頼 ／ 168

調査回答書 ／ 168

調査権限 ／ 43

直接証拠 ／ 64

適法性審査 ／ 22

適法要件 ／ 23

適用除外 ／ 29

手続的違法性 ／ 38

手数料 ／ 4

電子メール ／ 91

答申 ／ 11, 44

取消訴訟 ／ 177

取下げ ／ 170

な　行

認容裁決 ／ 153, 162

は　行

反論書 ／ 115

必要的記載事項 ／ 24

標準審理期間 ／ 49

不作為に対する審査請求 ／ 9

不当性 ／ 5, 39

不服申立て ／ 2

不服申立前置 ／ 52

不服申立人適格 ／ 32, 40, 96

不服申立ての利益 ／ 33

弁明書 ／ 106

弁明書提出要求書 ／ 106

法人 ／ 25

法的三段論法 ／ 58, 66, 156

法律上の利益 ／ 32

補正命令 ／ 93

本案の審査 ／ 22, 40

本案前の審査 ／ 22, 40

ま　行

満了日 ／ 37

ら　行

理由 ／ 156

【著者略歴】

榎本 洋一（えのもと よういち）

平成15年に東京都庁に入庁。総務局法務課などの法務部門で長年にわたり法務業務に従事。平成22年に司法試験に合格し、平成23年に司法修習を修了。平成27年に訟務担当課長に就任。訴訟対応や行政不服審査等の業務に携わり、平成28年の改正行政不服審査法の施行に際しては、新制度の運用設計にも関与した。令和6年に東京都庁を退職し、弁護士登録。現在は自治体の法務支援を主な業務とする。

〈著書〉

「現場の「困った」に法務のプロが答える 自治体法的トラブル解決のポイント」（共著・ぎょうせい）

「Q&A地方公務員のための法的トラブル解決術—示談・和解—」（共著・ぎょうせい）

「自治体法律顧問シリーズ　Q&A　地方公務員のための訴訟百科」（共著・ぎょうせい）

行政不服審査担当のシゴト

令和7年4月20日　第1刷発行

著　者	榎本　洋一	
発　行	株式会社 ぎょうせい	

〒136-8575　東京都江東区新木場1-18-11
URL：https://gyosei.jp

フリーコール　0120-953-431

ぎょうせい　お問い合わせ　検索　https://gyosei.jp/inquiry/

〈検印省略〉

印刷　ぎょうせいデジタル株式会社　　　　　　　　　　©2025　Printed in Japan
＊乱丁本・落丁本はお取替え致します。

ISBN978-4-324-11459-9
(5108969-00-000)
〔略号：行服シゴト〕

「一から」法務を学ぶためのテキスト！

自治体法務の基礎と実践 改訂版
～法に明るい職員をめざして～

森　幸二／著

A5判・定価2,750円(10%税込)　[電子版] 価格2,750円(10%税込)
※電子版は ぎょうせいオンラインショップ 検索 からご注文ください。

- 著者が自治体職員の研修資料としてまとめたものを基礎にした、自治体職員の仕事の教科書！
- 法務担当者のみならず、全ての自治体職員に向けた、行政組織論からのわかりやすい入門書です。

詳しくはコチラから！

自治体職員のためのリーガルマインド（法律的な思考能力）の解説書！

リーガルマインドが身につく
自治体行政法入門
改訂版

上智大学法学部・法科大学院教授、自治大学校講師　北村 喜宣／著

A5判・定価3,190円(10%税込)　[電子版] 価格3,190円(10%税込)
※電子版は ぎょうせいオンラインショップ 検索 からご注文ください。

- 自治体行政を進めていくために必要となる基礎的な法律知識や、行政判断に必要となる法的な思考能力について学ぶことができます。
- 空家法や盛土規制法等の法改正に加え、読者・研修参加者の声を踏まえて全面的に見直した最新版です。

詳しくはコチラから！

株式会社 ぎょうせい
〒136-8575 東京都江東区新木場1-18-11
フリーコール TEL:0120-953-431 [平日9～17時] FAX:0120-953-495
https://shop.gyosei.jp　ぎょうせいオンラインショップ 検索